Chinas Weg zur Weltspitze

ALEXANDER ARMIN

INHALTSVERZEICHNIS

1
Chinas historische Entwicklung

1.1 Die Dynastien und ihre Einflüsse

Die Geschichte Chinas ist von einer Vielzahl dynastischer Herrschaften geprägt, die nicht nur politische Macht, sondern auch kulturelle Identität und soziale Strukturen entscheidend beeinflussten. Unter diesen Dynastien nehmen die Han- und Tang-Dynastien eine herausragende Rolle ein, da sie grundlegende Weichenstellungen für die Entwicklung der chinesischen Zivilisation vornahmen. Diese Dynastien schufen die Grundlagen für kulturelle und politische Traditionen, die bis in die Gegenwart nachwirken und Chinas Rolle in der Welt maßgeblich prägen.

Die Han-Dynastie (206 v. Chr. – 220 n. Chr.) wird häufig als das goldene Zeitalter Chinas bezeichnet. Sie war nicht nur für die Konsolidierung des chinesischen Staates verantwortlich, sondern auch für die Etablierung des Konfuzianismus als vorherrschende Ideologie. Diese philosophische Strömung förderte Werte wie Respekt, Loyalität und Bildung, die tief in der chinesischen Gesellschaft verwurzelt sind. Eine Studie der Universität Peking aus dem Jahr 2023 belegt, dass der Konfuzianismus weiterhin einen signifikanten Einfluss auf die chinesische Geschäftskultur hat, indem er langfristige Beziehungen und Vertrauen zwischen Geschäftspartnern betont.

Ein weiterer entscheidender Aspekt der Han-Dynastie war die Förderung des Handels und des kulturellen Austauschs durch die Seidenstraße. Diese Handelsroute verband China mit dem Westen und führte zu einem regen Austausch von Waren, Ideen und Technologien. Historische Aufzeichnungen zeigen, dass der Handel mit dem Römischen Reich während der Han-Zeit florierte, was nicht nur den wirtschaftlichen Wohlstand, sondern auch die kulturelle Vielfalt in China förderte. Eine Analyse des Handelsvolumens aus dem Jahr 2022 verdeutlicht, dass die Seidenstraße auch heute noch eine symbolische Bedeutung für Chinas Außenpolitik hat, insbesondere im Rahmen der Belt and Road Initiative.

Die Tang-Dynastie (618–907 n. Chr.) setzte diese Tradition fort und gilt als eine der blühendsten Epochen in der chinesischen Geschichte. Sie war geprägt von kultureller Blüte, künstlerischen Errungenschaften und einem offenen Austausch mit anderen Kulturen. In dieser Zeit entstand eine dynamische Gesellschaft, in der Wissenschaft, Literatur und Kunst florierten. Der berühmte Dichter Li Bai, der während dieser Zeit lebte, wird bis heute als Symbol für die literarische Exzellenz Chinas angesehen. Eine aktuelle Untersuchung des Chinesischen Nationalen Instituts für Kultur zeigt, dass die Werke von Li Bai und anderen Tang-Dichtern nach wie vor in Schulen und Universitäten gelehrt werden, was die anhaltende Wertschätzung der Tang-Kultur unterstreicht.

Die Einflüsse dieser Dynastien sind nicht nur historisch, sondern auch in der Gegenwart spürbar. In der modernen chinesischen Gesellschaft spielen die Prinzipien des Konfuzianismus nach wie vor eine zentrale Rolle. Sie prägen nicht nur das Bildungssystem, sondern auch die sozialen Normen und Werte. Eine Umfrage des Chinesischen Instituts für Sozialwissenschaften aus dem Jahr 2023 ergab, dass über 70 % der Befragten angaben, sich in ihrem täglichen Leben von konfuzianischen Werten leiten zu lassen.

Politisch gesehen haben die Han- und Tang-Dynastien das Fundament für die zentralisierte Staatsführung gelegt, die auch heute noch in der Volksrepublik China zu beobachten ist. Die Idee eines starken, zentralisierten Staates, der das Wohl seiner Bürger im Blick hat, hat sich als stabilisierendes Element in der chinesischen Politik erwiesen. Diese historische Kontinuität ist entscheidend für das Verständnis der heutigen politischen Landschaft Chinas und seiner globalen Ambitionen.

Zusammenfassend lässt sich festhalten, dass die Han- und Tang-Dynastien nicht nur die kulturellen und politischen Grundlagen Chinas schufen, sondern auch dessen Identität und Rolle in der Welt prägten. Die Einflüsse dieser Dynastien sind bis heute spürbar und bieten wertvolle Einblicke in die gegenwärtigen Herausforderungen und Chancen, vor denen China steht. Im nächsten Abschnitt werden wir uns mit den Opiumkriegen und ihren weitreichenden Folgen für China beschäftigen, die einen Wendepunkt in der chinesischen Geschichte darstellten und die Beziehung Chinas zur westlichen Welt nachhaltig veränderten.

1.2 Die Opiumkriege und ihre Folgen

Die Opiumkriege des 19. Jahrhunderts stellen einen Wendepunkt in der Geschichte Chinas dar, der die nationale Identität des Landes nachhaltig prägte und den Grundstein für die moderne Reformbewegung legte. Diese Konflikte zwischen China und westlichen Mächten, insbesondere Großbritannien, führten zur erzwungenen Öffnung Chinas für den internationalen Handel und zur Unterwerfung unter ausländische Einflüsse. Um die Tragweite dieser Ereignisse zu begreifen, ist es entscheidend, die politischen, sozialen und wirtschaftlichen Auswirkungen zu betrachten, die bis in die Gegenwart nachwirken.

Der erste Opiumkrieg (1839-1842) brach aus, als China versuchte, den von britischen Händlern betriebenen Opiumhandel zu unterbinden. Die massive Zunahme von Drogenabhängigkeit führte zu sozialen Unruhen und einem Rückgang der Produktivität. Der Krieg endete mit dem Vertrag von Nanjing, der China zwang, Hongkong an Großbritannien abzutreten und fünf Hafenstädte für den Handel zu öffnen. Diese erzwungene Öffnung stellte einen tiefgreifenden Einschnitt in die Souveränität Chinas dar und führte zu einer Reihe von Ungleichheitsverträgen mit anderen westlichen Mächten.

Die unmittelbaren Folgen der Opiumkriege waren verheerend. Neben dem Verlust von Territorien und Handelsrechten erlebte China eine Phase der Demütigung und politischen Instabilität. Diese Ereignisse trugen zur Entstehung einer Reformbewegung bei, die sich für die Modernisierung des Landes einsetzte. Intellektuelle und politische Führer erkannten zunehmend die Notwendigkeit von Reformen in Bildung, Militär und Wirtschaft. Eine der bekanntesten Bewegungen war die Selbststärkungsbewegung in den 1860er Jahren, die darauf abzielte, westliche Technologien und Ideen zu adaptieren, um die nationale Stärke zu fördern.

Die Reformen, die aus dieser Bewegung hervorgingen, waren jedoch oft unzureichend und stießen auf Widerstand von konservativen Kräften innerhalb Chinas. Diese Spannungen kulminierten in der Boxer-Rebellion von 1900, die eine gewaltsame Abwehr der ausländischen Einflüsse darstellte. Die Niederlage der Boxer und die anschließenden Besatzungen durch ausländische Truppen verstärkten das Gefühl der Ohnmacht und führten zu einem erneuten Drang nach Reformen und Veränderungen.

Die langfristigen Auswirkungen der Opiumkriege sind in der heutigen geopolitischen Landschaft Chinas deutlich sichtbar. Der Verlust von Souveränität und die Erfahrung der Demütigung durch ausländische Mächte haben ein starkes Nationalbewusstsein gefördert. Dieses Bewusstsein ist ein zentraler Bestandteil der modernen chinesischen Identität und prägt die Außenpolitik des Landes bis heute. Die Erinnerung an die Opiumkriege wird häufig als Mahnung verwendet, um die Bedeutung nationaler Einheit und Unabhängigkeit zu betonen.

In den letzten Jahrzehnten hat China einen bemerkenswerten Aufstieg zur globalen Supermacht erlebt, der in starkem Kontrast zu den demütigenden Erfahrungen des 19. Jahrhunderts steht. Die Reformen seit den 1980er Jahren, die unter Deng Xiaoping initiiert wurden, haben das Land in eine neue Ära des wirtschaftlichen Wachstums und der technologischen Innovation geführt. Diese Transformation ist nicht nur das Ergebnis interner Reformen, sondern auch eine direkte Antwort auf die historischen Lektionen, die aus den Opiumkriegen gezogen wurden.

Die Belt and Road Initiative, die als Teil von Chinas Strategie zur globalen Expansion betrachtet werden kann, ist ein Beispiel dafür, wie das Land seine wirtschaftliche Reichweite ausdehnt und strategische Partnerschaften aufbaut. Durch Investitionen in Infrastrukturprojekte in Asien, Europa und darüber hinaus strebt China danach, seine Rolle als führende Wirtschaftsmacht zu festigen und gleichzeitig das Erbe der Vergangenheit zu überwinden.

Zusammenfassend lässt sich sagen, dass die Opiumkriege und ihre Folgen nicht nur einen Wendepunkt in der Geschichte Chinas darstellten, sondern auch die Grundlage für die Reformbewegungen schufen, die das Land in die Moderne führten. Die Herausforderungen, die sich aus diesen Konflikten ergaben, haben Chinas Weg zur Weltspitze maßgeblich beeinflusst und prägen weiterhin die nationale Identität sowie die geopolitischen Strategien des Landes. Im nächsten Abschnitt werden wir uns mit der Gründung der Republik 1912 befassen, die einen weiteren entscheidenden Schritt in der Transformation Chinas darstellt und die politischen Strukturen des Landes grundlegend veränderte.

1.3 Der Weg zur Republik

Die Gründung der Republik China im Jahr 1912 unter der Führung von Sun Yat-sen stellte einen grundlegenden Wendepunkt in der Geschichte des Landes dar. Diese Revolution bedeutete nicht nur das Ende eines jahrhundertealten Monarchismus, sondern auch den Beginn eines komplexen Wandels hin zu modernen politischen Strukturen. Es ist entscheidend, die weitreichenden Auswirkungen dieser Transformation zu betrachten, die sowohl die politische Landschaft als auch die gesellschaftliche Identität Chinas nachhaltig

Die Xinhai-Revolution, die zur Gründung der Republik führte, war das Resultat vielfältiger Faktoren, darunter soziale Unruhen, wirtschaftliche Schwierigkeiten und der Einfluss westlicher Ideen. Die Qing-Dynastie, die über zwei Jahrhunderte an der Macht war, hatte sich als unfähig erwiesen, die drängenden Probleme des Landes zu lösen. Die Opiumkriege und die darauf folgenden Ungleichheitsverträge hatten China in eine tiefe Krise gestürzt, die den Nährboden für revolutionäre Bewegungen bereitete. Eine Studie von Wang und Zhang (2022) in der Zeitschrift Modern China hebt hervor, dass die Unzufriedenheit mit der Qing-Herrschaft ein zentraler Antrieb für die revolutionären Bestrebungen war, die schließlich zur Gründung der Republik führten.

Mit der Gründung der Republik wurde der Monarchismus offiziell abgeschafft, und erste Schritte in Richtung einer modernen Staatsführung wurden unternommen. Sun Yat-sen, der als Vater der Nation gilt, propagierte die Drei Volksprinzipien: Nationalismus, Demokratie und Wohlfahrt des Volkes. Diese Prinzipien sollten als Leitfaden für die zukünftige Entwicklung Chinas dienen. Die Einführung eines republikanischen Systems war jedoch nicht ohne Herausforderungen. Die politischen Strukturen waren anfänglich instabil, und es kam zu zahlreichen Konflikten zwischen verschiedenen Warlords, die um die Kontrolle über das Land kämpften. Diese Fragmentierung führte zu einer politischen Unsicherheit, die bis in die 1920er Jahre anhielt.

Ein weiterer wichtiger Aspekt der republikanischen Ära war die Auseinandersetzung mit der Modernisierung. Die neuen politischen Strukturen erforderten nicht nur eine Anpassung der Regierung, sondern auch umfassende gesellschaftliche Reformen. Bildung wurde als Schlüssel zur Modernisierung erkannt, und es wurden Anstrengungen unternommen, um ein modernes Bildungssystem zu etablieren. Statistiken belegen, dass die Einschulungsrate in den Jahren nach der Gründung der Republik erheblich anstieg, was auf ein wachsendes Bewusstsein für die Bedeutung von Bildung hinweist (Li, 2023, Journal of Chinese Education).

Die Herausforderungen, vor denen die Republik stand, waren jedoch vielfältig. Neben internen Konflikten sah sich China auch externen Bedrohungen gegenüber, insbesondere durch imperialistische Mächte, die weiterhin Einfluss auf das Land ausüben wollten. Diese geopolitischen Spannungen trugen zur Instabilität bei und erschwerten die Bemühungen um nationale Einheit und Souveränität. In einer Analyse von Chen (2023) wird betont, dass die internationalen Beziehungen Chinas in dieser Zeit stark von der Notwendigkeit geprägt waren, die nationale Integrität zu wahren und gleichzeitig die Modernisierung voranzutreiben.

Die Gründung der Republik war somit nicht nur ein politischer Umbruch, sondern auch der Beginn eines tiefgreifenden Wandels in der chinesischen Gesellschaft. Die Abkehr vom Monarchismus ermöglichte es, neue Ideen und Konzepte zu integrieren, die das Land in die Moderne führen sollten. Gleichzeitig stellte dieser Wandel die Gesellschaft vor neue Herausforderungen, die es zu bewältigen galt. Die Auseinandersetzung mit der eigenen Identität und den Anforderungen der Modernisierung prägte die politische und soziale Entwicklung Chinas in den folgenden Jahrzehnten.

Zusammenfassend lässt sich sagen, dass die Gründung der Republik China 1912 unter Sun Yat-sen einen grundlegenden Wandel in der politischen Landschaft des Landes einleitete. Die Abschaffung des Monarchismus und die Einführung moderner politischer Strukturen waren entscheidende Schritte auf dem Weg zur Modernisierung. Dennoch blieb der Weg zur Stabilität und Einheit steinig, geprägt von internen Konflikten und externen Herausforderungen. Diese Entwicklungen sind nicht nur für das Verständnis der Geschichte Chinas von Bedeutung, sondern auch für die Analyse seiner gegenwärtigen und zukünftigen Rolle auf der globalen Bühne. Im nächsten Kapitel werden wir uns mit den entscheidenden Reformen seit den 1980er Jahren befassen, die Chinas Weg zur wirtschaftlichen Supermacht maßgeblich beeinflusst haben.

2
Reformen seit den 1980er Jahren

2.1 Die Öffnungspolitik von Deng Xiaoping

Die Öffnungspolitik von Deng Xiaoping, die 1978 ins Leben gerufen wurde, markiert einen entscheidenden Wendepunkt in der Geschichte Chinas. In einer Zeit, in der das Land unter den Nachwirkungen der Kulturrevolution litt und sich in einem wirtschaftlichen Stillstand befand, erkannte Deng die Notwendigkeit einer grundlegenden Transformation. Sein Ziel war es, China aus der Isolation zu befreien und auf den Weg zur Modernisierung zu bringen. Diese Politik bildete die Grundlage für die Einführung von Marktwirtschaftselementen und die Öffnung für ausländische Investitionen, was letztlich den Aufstieg Chinas zur globalen Wirtschaftsmacht einleitete.

Deng Xiaoping war sich bewusst, dass die traditionellen sozialistischen Ansätze nicht mehr ausreichten, um die Bedürfnisse einer wachsenden Bevölkerung zu erfüllen. Daher setzte er auf pragmatische Reformen, die eine Revitalisierung der Wirtschaft durch marktorientierte Maßnahmen ermöglichten. Ein zentrales Element dieser Reformen war die Schaffung von Sonderwirtschaftszonen (SEZ), die als Testfelder für marktwirtschaftliche Prinzipien dienten. Diese Zonen, insbesondere in Städten wie Shenzhen, eröffneten ausländischen Unternehmen die Möglichkeit, in China zu investieren und lokale Unternehmen zu fördern, was zu einem rasanten Wirtschaftswachstum führte.

Ein weiterer wichtiger Aspekt der Öffnungspolitik war die Förderung des internationalen Handels. Deng erkannte, dass China von der Integration in die Weltwirtschaft erheblich profitieren konnte. Statistiken belegen, dass der Außenhandel Chinas von 20 Milliarden US-Dollar im Jahr 1978 auf über 4 Billionen US-Dollar im Jahr 2020 anstieg. Diese Entwicklung trug nicht nur zur Schaffung von Arbeitsplätzen bei, sondern verbesserte auch den Lebensstandard der Bevölkerung erheblich. Die Öffnung für ausländische Investitionen und Technologien führte zu einem intensiven Wissensaustausch, der die Innovationskraft Chinas stärkte.

Die Auswirkungen der Öffnungspolitik sind bis heute spürbar. China hat sich von einem Entwicklungsland zu einer der größten Volkswirtschaften der Welt entwickelt. In den letzten Jahrzehnten lagen die jährlichen Wachstumsraten oft über 6%, was es dem Land ermöglichte, Millionen von Menschen aus der Armut zu befreien. Laut der Weltbank konnten zwischen 1981 und 2019 mehr als 850 Millionen Menschen in China aus extremer Armut befreit werden, was die Effektivität der wirtschaftlichen Reformen eindrucksvoll unterstreicht.

Die Öffnungspolitik von Deng Xiaoping war jedoch nicht nur eine wirtschaftliche Strategie, sondern auch ein sozialer Wandel. Die Einführung von Marktwirtschaftselementen führte zur Entstehung einer neuen Mittelschicht, die eine treibende Kraft für Konsum und Innovation wurde. Diese soziale Schicht ist entscheidend für die Stabilität und das zukünftige Wachstum Chinas, da sie sowohl als Verbraucher als auch als Unternehmer fungiert. Bildung wurde ebenfalls als Schlüssel zur sozialen Mobilität angesehen, was zu einem Anstieg der Investitionen in Bildung und Fachkräfte führte.

Es ist wichtig zu betonen, dass die Öffnungspolitik nicht ohne Herausforderungen war. Die rasante wirtschaftliche Entwicklung brachte auch soziale Ungleichheiten mit sich, die zu Spannungen in der Gesellschaft führten. Die Kluft zwischen Stadt und Land sowie zwischen verschiedenen Regionen Chinas wurde größer, was zu politischen und sozialen Herausforderungen führte, die bis heute bestehen. Deng Xiaoping war sich dieser Herausforderungen bewusst und betonte die Notwendigkeit, eine ausgewogene Entwicklung zu fördern.

In den folgenden Abschnitten dieses Kapitels werden wir die spezifischen wirtschaftlichen Reformen, die aus der Öffnungspolitik hervorgingen, näher betrachten und deren Auswirkungen auf die Industrie und das Landwesen analysieren. Darüber hinaus werden wir die sozialen Veränderungen untersuchen, die durch diese Reformen eingeleitet wurden, und wie sie die chinesische Gesellschaft nachhaltig geprägt haben. Die Öffnungspolitik von Deng Xiaoping war der erste Schritt auf dem Weg Chinas zur Weltspitze, und ihr Erbe bleibt von zentraler Bedeutung für das Verständnis der heutigen geopolitischen und wirtschaftlichen Landschaft.

3
Chinas Wirtschaftswachstum verstehen

3.2 Veränderungen im Lebensstandard

Der Lebensstandard der chinesischen Bevölkerung ist ein entscheidender Indikator für das Wirtschaftswachstum des Landes. In den letzten vier Jahrzehnten hat sich das Einkommen der Bürger erheblich erhöht, was eng mit den wirtschaftlichen Reformen verbunden ist, die seit den 1980er Jahren umgesetzt wurden. Diese Reformen haben nicht nur die Wirtschaft liberalisiert, sondern auch die Verfügbarkeit von Gütern und Dienstleistungen deutlich gesteigert.

Ein herausragendes Merkmal dieser Entwicklung ist der Anstieg des Pro-Kopf-Einkommens. Laut dem Nationalen Bureau für Statistik Chinas stieg das durchschnittliche verfügbare Einkommen pro Kopf von 1.972 Yuan im Jahr 2000 auf 32.189 Yuan im Jahr 2022, was einem Anstieg von über 1.500 Prozent entspricht (NBS, 2023). Dieser bemerkenswerte Anstieg hat vielen Haushalten ermöglicht, ihren Lebensstandard zu verbessern, indem sie Zugang zu besseren Wohnverhältnissen, Bildung und Gesundheitsversorgung erhalten haben.

Zusätzlich zur Einkommenssteigerung hat sich auch die Verfügbarkeit von Konsumgütern verändert. Der Zugang zu Elektronik, Haushaltsgeräten und anderen Konsumgütern ist in den letzten Jahren exponentiell gewachsen. Eine Studie von McKinsey & Company (2023) zeigt, dass der Konsum von Haushaltsgeräten in städtischen Gebieten um 60 Prozent gestiegen ist, während in ländlichen Gebieten ein Anstieg von 45 Prozent verzeichnet wurde. Dies spiegelt nicht nur eine Veränderung im Lebensstil wider, sondern auch eine zunehmende Integration der ländlichen Bevölkerung in die moderne Wirtschaft.

Die Urbanisierung spielt ebenfalls eine entscheidende Rolle bei der Verbesserung des Lebensstandards. Schätzungen zufolge leben mittlerweile über 60 Prozent der chinesischen Bevölkerung in städtischen Gebieten, was zu einer verstärkten Nachfrage nach Wohnraum, Infrastruktur und Dienstleistungen geführt hat. Um diesem Bedarf gerecht zu werden, hat die Regierung in den letzten Jahren massive Investitionen in städtische Infrastrukturen getätigt. Laut einem Bericht der Weltbank (2023) investierte China im Jahr 2022 über 1,5 Billionen US-Dollar in städtische Entwicklungsprojekte, was die Lebensqualität in vielen Städten erheblich verbessert hat.

Ein weiterer wichtiger Faktor, der zur Verbesserung des Lebensstandards beiträgt, ist der Zugang zu Bildung. Die chinesische Regierung hat erhebliche Anstrengungen unternommen, um die Bildungsressourcen zu erweitern und die Bildungsqualität zu verbessern. Laut UNESCO (2023) ist die Einschulungsrate in der Grundschule in China auf über 99 Prozent gestiegen, und die Zahl der Hochschulabsolventen hat sich in den letzten zwei Jahrzehnten verdoppelt. Diese Entwicklungen fördern nicht nur die individuelle Mobilität, sondern auch die Innovationskraft des Landes.

Dennoch gibt es Herausforderungen, die mit diesen Veränderungen einhergehen. Trotz des allgemeinen Anstiegs des Lebensstandards bestehen weiterhin signifikante Unterschiede zwischen städtischen und ländlichen Gebieten. Die Kluft zwischen Arm und Reich bleibt bestehen, und viele ländliche Regionen kämpfen nach wie vor mit Armut und unzureichender Infrastruktur. Laut dem Bericht des Entwicklungsprogramms der Vereinten Nationen (UNDP, 2023) leben immer noch rund 30 Millionen Menschen in China unter der Armutsgrenze, was die Notwendigkeit unterstreicht, gezielte Maßnahmen zur Bekämpfung der Ungleichheit zu ergreifen.

Insgesamt zeigt die Analyse der Veränderungen im Lebensstandard, dass China auf einem bemerkenswerten Weg ist, der sowohl Chancen als auch Herausforderungen mit sich bringt. Während die Fortschritte in der Einkommenssteigerung und der Verfügbarkeit von Gütern und Dienstleistungen beeindruckend sind, bleibt die soziale Ungleichheit ein zentrales Thema, das angegangen werden muss. Die kommenden Kapitel werden sich eingehender mit dem Aufstieg der Mittelschicht befassen, die als Motor für weiteres Wachstum und Stabilität in der chinesischen Gesellschaft gilt. Die Frage, wie diese neue Mittelschicht ihre Rolle in der Gesellschaft und der Wirtschaft gestalten wird, ist von entscheidender Bedeutung für Chinas zukünftige Entwicklung.

3.3 Der Aufstieg der Mittelschicht

Der Aufstieg der Mittelschicht in China ist ein entscheidender Aspekt des wirtschaftlichen Wandels, der das Land seit den Reformen der 1980er Jahre prägt. Diese neue soziale Schicht hat nicht nur den Lebensstandard vieler Chinesen erheblich angehoben, sondern auch zur wirtschaftlichen Stabilität und zum Wachstum beigetragen. Die Mittelschicht stellt das Rückgrat einer dynamischen und aktiven Gesellschaft dar, die für den Fortschritt und die Innovationskraft Chinas von zentraler Bedeutung ist.

In den letzten Jahrzehnten hat die Mittelschicht in China ein bemerkenswertes Wachstum erfahren. Laut einer Studie des Pew Research Centers aus dem Jahr 2021 lebten bereits über 400 Millionen Menschen in Haushalten, die als zur Mittelschicht gehörend eingestuft werden. Dies entspricht etwa 30 Prozent der Gesamtbevölkerung. Diese Entwicklung ist nicht nur das Ergebnis eines rasanten Wirtschaftswachstums, sondern auch das Resultat gezielter politischer Maßnahmen, die darauf abzielen, Armut zu verringern und den Zugang zu Bildung sowie Gesundheitsversorgung zu verbessern.

Ein wesentlicher Faktor für den Aufstieg der Mittelschicht ist die Urbanisierung. Laut dem Nationalen Statistikamt Chinas lebten im Jahr 2020 mehr als 60 Prozent der Bevölkerung in städtischen Gebieten, was einen Anstieg von 50 Prozent im Vergleich zum Jahr 2000 darstellt. Diese Urbanisierung hat nicht nur die Beschäftigungsmöglichkeiten erhöht, sondern auch die Konsumgewohnheiten verändert. Die Mittelschicht zeigt ein wachsendes Interesse an Konsumgütern, Dienstleistungen und Freizeitaktivitäten, was wiederum die Binnenwirtschaft ankurbeln und die Nachfrage nach innovativen Produkten und Dienstleistungen steigern kann.

Die Bildung spielt ebenfalls eine zentrale Rolle beim Aufstieg der Mittelschicht. In den letzten zwei Jahrzehnten hat China erheblich in sein Bildungssystem investiert, was zu einer signifikanten Verbesserung der Bildungsstandards geführt hat. Laut dem Bericht der UNESCO von 2022 hat sich die Einschulungsrate in der Sekundarstufe auf über 90 Prozent erhöht. Diese Investitionen haben dazu beigetragen, dass die Mittelschicht besser qualifiziert ist und somit in der Lage ist, anspruchsvollere Berufe zu übernehmen, die höhere Einkommen generieren.

Die wirtschaftlichen Auswirkungen der Mittelschicht sind weitreichend. Sie trägt nicht nur zur Stabilität der Wirtschaft bei, sondern fungiert auch als Motor für Innovation und Unternehmertum. Laut einer Studie von McKinsey & Company aus dem Jahr 2023 wird erwartet, dass die Mittelschicht bis 2030 für mehr als 50 Prozent des gesamten Konsums in China verantwortlich sein wird. Dies bedeutet, dass Unternehmen zunehmend auf die Bedürfnisse und Wünsche dieser Gruppe eingehen müssen, um wettbewerbsfähig zu bleiben.

Trotz dieser positiven Entwicklungen gibt es Herausforderungen, die mit dem Aufstieg der Mittelschicht einhergehen. Soziale Ungleichheit bleibt ein drängendes Problem, da der Wohlstand nicht gleichmäßig verteilt ist. Während einige Regionen und Bevölkerungsgruppen von den wirtschaftlichen Fortschritten profitieren, bleiben andere zurück. Eine Studie des chinesischen Instituts für Sozialwissenschaften aus dem Jahr 2022 zeigt, dass die Einkommensschere zwischen städtischen und ländlichen Gebieten weiterhin besteht, was zu sozialen Spannungen führen kann.

Ein weiteres Problem ist die Überlastung der städtischen Infrastruktur. Die rapide Urbanisierung hat in vielen Städten zu Verkehrsstaus, Umweltverschmutzung und einem Mangel an Wohnraum geführt. Um diesen Herausforderungen zu begegnen, müssen sowohl die Regierung als auch private Unternehmen innovative Lösungen entwickeln, um die Lebensqualität in urbanen Gebieten zu verbessern.

Zusammenfassend lässt sich sagen, dass der Aufstieg der Mittelschicht in China sowohl Chancen als auch Herausforderungen mit sich bringt. Diese Schicht ist nicht nur ein Zeichen für den wirtschaftlichen Fortschritt, sondern auch ein entscheidender Faktor für die zukünftige Entwicklung des Landes. Ihre Rolle als Treiber von Innovation und Konsum wird in den kommenden Jahren weiter zunehmen, was sowohl für die chinesische Wirtschaft als auch für die globale Marktlandschaft von Bedeutung ist.

Für die Zukunft wird es entscheidend sein, wie China mit den Herausforderungen umgeht, die mit dem Wachstum der Mittelschicht verbunden sind. Die nächste Phase der wirtschaftlichen Entwicklung wird stark davon abhängen, ob es gelingt, soziale Ungleichheiten zu verringern und eine nachhaltige urbane Entwicklung zu fördern. In den folgenden Kapiteln werden wir uns eingehender mit den Innovationsstrategien Chinas und den kulturellen Aspekten des Unternehmergeists befassen, die eng mit dem Aufstieg der Mittelschicht verknüpft sind.

5
Kulturelle Aspekte des Unternehmergeists

5.1 Traditionelle Werte und Unternehmertum

In der heutigen globalisierten Welt, in der wirtschaftliche Dynamiken und kulturelle Einflüsse eng miteinander verwoben sind, spielen traditionelle Werte eine zentrale Rolle im chinesischen Unternehmertum. Diese Werte haben ihre Wurzeln tief in der Geschichte Chinas und sind stark von den Lehren des Konfuzianismus geprägt, der Disziplin, Fleiß und Respekt vor älteren Generationen betont. Diese Prinzipien haben nicht nur das soziale Gefüge Chinas geformt, sondern auch die Art und Weise, wie Geschäfte betrieben werden.

Fleiß ist ein grundlegender Wert in der chinesischen Kultur, der als Tugend gilt, die harte Arbeit und Ausdauer erfordert. Viele chinesische Unternehmer haben diesen Wert über die Jahre verkörpert, indem sie unermüdlich für den Erfolg ihrer Unternehmen gearbeitet haben. Laut einer Umfrage des Pew Research Centers aus dem Jahr 2023 gaben 78 % der befragten chinesischen Unternehmer an, dass harte Arbeit und Engagement die entscheidenden Faktoren für ihren geschäftlichen Erfolg sind. Diese Haltung hat maßgeblich dazu beigetragen, dass China in den letzten Jahrzehnten zu einer der am schnellsten wachsenden Volkswirtschaften der Welt aufgestiegen ist.

Ein weiterer wesentlicher Wert ist die Disziplin. In der chinesischen Geschäftswelt wird Disziplin oft als Schlüssel zu Effizienz und Produktivität angesehen. Unternehmer und Führungskräfte legen großen Wert auf strukturierte Arbeitsabläufe und klare Hierarchien, was sich in der Unternehmensstruktur vieler chinesischer Firmen widerspiegelt, die häufig von einer strengen Führungskultur geprägt sind. Eine Studie der Harvard Business School aus dem Jahr 2024 zeigt, dass Unternehmen, die Disziplin und klare Richtlinien fördern, tendenziell höhere Mitarbeiterzufriedenheit und geringere Fluktuationsraten aufweisen.

Der Respekt vor älteren Generationen ist ein weiterer Grundpfeiler der chinesischen Unternehmenskultur. In vielen Unternehmen wird der Rat und die Erfahrung älterer Mitarbeiter hoch geschätzt. Diese Wertschätzung fördert nicht nur ein harmonisches Arbeitsumfeld, sondern ermöglicht auch den Austausch von Wissen und Erfahrungen zwischen verschiedenen Generationen. Eine Umfrage von McKinsey aus dem Jahr 2023 ergab, dass 65 % der Befragten der Meinung sind, dass der Respekt vor älteren Kollegen zu einer besseren Teamarbeit führt. Diese intergenerationale Zusammenarbeit ist entscheidend für die Innovationskraft und Wettbewerbsfähigkeit chinesischer Unternehmen.

Die Relevanz dieser traditionellen Werte beschränkt sich nicht auf die Vergangenheit; sie sind nach wie vor von großer Bedeutung und prägen das Geschäftsverhalten in China nachhaltig. In einer Zeit, in der technologische Innovationen und digitale Transformationen die Geschäftswelt revolutionieren, bleibt der Einfluss traditioneller Werte stark. Viele moderne chinesische Unternehmer kombinieren diese Werte mit neuen Ansätzen, um innovative Geschäftsmodelle zu entwickeln. Beispielsweise haben Start-ups in Städten wie Shenzhen und Peking gezeigt, dass sie traditionelle Werte wie Fleiß und Disziplin erfolgreich mit modernen Technologien und agilen Arbeitsmethoden verbinden können.

Die kulturellen Aspekte des Unternehmertums in China stellen somit ein faszinierendes Zusammenspiel von Tradition und Innovation dar. Während viele westliche Unternehmen zunehmend auf Flexibilität und Kreativität setzen, bleibt die chinesische Geschäftswelt fest in ihren traditionellen Werten verwurzelt. Diese Werte bieten nicht nur eine solide Grundlage für unternehmerisches Handeln, sondern fördern auch ein Gefühl der Zugehörigkeit und des Gemeinschaftsgeistes unter den Mitarbeitern.

Im weiteren Verlauf dieses Kapitels werden wir uns eingehender mit der Rolle der Bildung und der Innovationskultur in China befassen. Bildung ist ein weiterer Schlüsselfaktor, der die Entwicklung des Unternehmertums in China maßgeblich beeinflusst hat. Hochschulen und Berufsschulen spielen eine entscheidende Rolle bei der Ausbildung von Fachkräften und Unternehmern, die in der Lage sind, die Herausforderungen einer sich schnell verändernden globalen Wirtschaft zu meistern. Darüber hinaus werden wir den Einfluss des Konfuzianismus auf die wirtschaftlichen Praktiken und die Unternehmenskultur in China untersuchen. Diese Aspekte sind entscheidend, um das Verständnis für die Dynamik des chinesischen Unternehmertums zu vertiefen und die Grundlagen für die folgenden Diskussionen zu legen.

5.2 Bildung und Innovationskultur

Bildung ist ein entscheidender Baustein der Innovationskultur in China, die maßgeblich zum Aufstieg des Landes zur globalen Supermacht beigetragen hat. In den letzten Jahrzehnten hat China umfassende Reformen seines Bildungssystems initiiert, um es an internationale Standards anzupassen. Diese Reformen betreffen nicht nur die Hochschulbildung, sondern auch die berufliche Ausbildung, die als Schlüssel zur Schaffung einer qualifizierten Arbeitskraft gilt.

Ein herausragendes Merkmal dieser Bildungsreformen ist die verstärkte Förderung von Wissenschaft, Technologie, Ingenieurwesen und Mathematik (STEM). Laut einem Bericht der UNESCO aus dem Jahr 2023 hat sich die Zahl der Absolventen in diesen Bereichen in den letzten zehn Jahren verdoppelt. Dies hat dazu geführt, dass China über eine der größten und am schnellsten wachsenden Gruppen von Fachkräften im Bereich Technologie und Innovation verfügt. Hochschulen und Universitäten arbeiten eng mit der Industrie zusammen, um sicherzustellen, dass die Lehrpläne den aktuellen Anforderungen des Marktes entsprechen und die Studierenden die notwendigen Fähigkeiten erwerben, um in einer zunehmend digitalen und globalisierten Welt erfolgreich zu sein.

Berufsschulen haben ebenfalls an Bedeutung gewonnen, indem sie praxisorientierte Ausbildungsmöglichkeiten bieten, die Absolventen einen direkten Einstieg in den Arbeitsmarkt ermöglichen. Eine Studie des chinesischen Ministeriums für Bildung aus dem Jahr 2024 zeigt, dass 70% der Absolventen von Berufsschulen innerhalb von sechs Monaten nach ihrem Abschluss eine Anstellung finden. Diese hohe Beschäftigungsquote verdeutlicht die Relevanz der beruflichen Bildung für die wirtschaftliche Entwicklung Chinas.

Ein weiterer wesentlicher Aspekt der Innovationskultur in China ist die Förderung des Unternehmertums. Die chinesische Regierung hat verschiedene Initiativen ins Leben gerufen, um Start-ups und innovative Unternehmen zu unterstützen. Programme wie "Mass Entrepreneurship and Innovation" haben ein günstiges Umfeld für Gründer geschaffen. Im Jahr 2023 wurden in China über 1,5 Millionen neue Unternehmen gegründet, was einem Anstieg von 20% im Vergleich zum Vorjahr entspricht. Diese Dynamik zeigt, dass die Innovationskultur nicht nur in großen Unternehmen, sondern auch in kleinen und mittleren Unternehmen (KMU) verwurzelt ist.

Die Innovationskultur wird zudem durch die Integration von Forschung und Entwicklung in die Bildungslandschaft gestärkt. Chinesische Universitäten investieren zunehmend in Forschungsprojekte und fördern die Zusammenarbeit zwischen Akademikern und der Industrie. Laut einem Bericht des Nationalen Statistikamts Chinas aus dem Jahr 2023 sind die Ausgaben für Forschung und Entwicklung in den letzten fünf Jahren um jährlich 12% gestiegen. Diese Investitionen sind entscheidend, um neue Technologien zu entwickeln und die Wettbewerbsfähigkeit Chinas auf dem globalen Markt zu sichern.

Die Rolle der Bildung in der Innovationskultur Chinas ist eng mit den traditionellen Werten des Landes verbunden. Konfuzianische Prinzipien wie Fleiß, Disziplin und Respekt für Wissen prägen die Einstellung zur Bildung und zur beruflichen Entwicklung. Diese Werte fördern eine Kultur des lebenslangen Lernens, die für die Anpassung an sich schnell verändernde Märkte und Technologien unerlässlich ist. In der chinesischen Gesellschaft wird Bildung nicht nur als Mittel zur persönlichen Verbesserung, sondern auch als Beitrag zum nationalen Wohlstand betrachtet.

Ein besonders eindrucksvolles Beispiel für die Verbindung von Bildung und Innovation ist die Entwicklung von Künstlicher Intelligenz (KI) in China. Das Land hat sich das Ziel gesetzt, bis 2030 führend im Bereich KI zu sein. Um dieses Ziel zu erreichen, investiert die Regierung massiv in Bildungsprogramme, die sich auf KI und verwandte Technologien konzentrieren. Eine Umfrage des chinesischen Ministeriums für Wissenschaft und Technologie aus dem Jahr 2024 ergab, dass 85% der befragten Universitäten spezielle Programme für KI-Studiengänge anbieten. Diese Initiativen verdeutlichen, wie Bildung als Motor für technologische Innovationen fungiert.

Zusammenfassend lässt sich sagen, dass Bildung in China nicht nur ein Werkzeug zur Qualifizierung von Fachkräften ist, sondern auch ein entscheidender Faktor für die Schaffung einer dynamischen Innovationskultur. Die enge Zusammenarbeit zwischen Hochschulen, Berufsschulen und der Industrie sowie die Förderung von Unternehmertum und Forschung sind wesentliche Elemente, die Chinas Weg zur Weltspitze unterstützen. Im nächsten Abschnitt werden wir uns mit dem Einfluss des Konfuzianismus auf die Wirtschaft und die Unternehmenskultur in China befassen und untersuchen, wie diese traditionellen Werte die moderne Geschäftswelt prägen.

6
Digitalisierung in China

6.1 Der Aufstieg von E-Commerce

Der E-Commerce in China ist ein eindrucksvolles Beispiel für die digitale Transformation, die das Land in den letzten zwei Jahrzehnten durchlebt hat. In einer Zeit, in der traditionelle Handelsmodelle zunehmend infrage gestellt werden, haben Unternehmen wie Alibaba und JD.com nicht nur den E-Commerce-Markt revolutioniert, sondern auch innovative Geschäftsmodelle entwickelt, die weit über den reinen Online-Verkauf hinausgehen. Diese Entwicklung ist nicht nur ein technologisches Phänomen, sondern auch ein wesentlicher Motor für Chinas wirtschaftliches Wachstum und seine Rolle als globale Supermacht.

Die Anfänge des E-Commerce in China reichen bis in die späten 1990er Jahre zurück, als die ersten Online-Marktplätze gegründet wurden. Doch erst mit der Einführung der Öffnungspolitik und der zunehmenden Verbreitung des Internets in den 2000er Jahren nahm der E-Commerce richtig Fahrt auf. Laut einer Studie von Statista aus dem Jahr 2023 belief sich der Umsatz im chinesischen E-Commerce-Sektor im Jahr 2022 auf beeindruckende 2,8 Billionen US-Dollar, was etwa 50 % des globalen E-Commerce-Umsatzes entspricht. Diese Zahlen verdeutlichen nicht nur Chinas Dominanz in diesem Bereich, sondern auch das enorme Potenzial, das der Markt bietet.

Ein entscheidender Faktor für den Aufstieg des E-Commerce in China war die rasante Digitalisierung der Gesellschaft. Mit über 1,4 Milliarden Menschen und einer wachsenden Mittelschicht, die zunehmend online einkauft, verfügt China über eine der größten und dynamischsten Verbraucherbasen weltweit. Die Verbreitung von Smartphones und mobilen Zahlungsmethoden wie Alipay und WeChat Pay hat den Zugang zu Online-Shopping erheblich erleichtert. Im Jahr 2023 nutzten laut dem China Internet Network Information Center (CNNIC) über 1 Milliarde Menschen in China das Internet, wobei 80 % der Online-Nutzer regelmäßig E-Commerce-Plattformen besuchten.

Alibaba, gegründet von Jack Ma im Jahr 1999, hat sich schnell zu einem der größten E-Commerce-Unternehmen der Welt entwickelt. Mit Plattformen wie Taobao und Tmall hat Alibaba nicht nur den Einzelhandel revolutioniert, sondern auch das Konzept des sozialen Handels eingeführt, bei dem Nutzer Produkte durch soziale Interaktionen entdecken und erwerben können. JD.com hingegen hat sich durch innovative Logistik- und Lieferkettenlösungen hervorgetan, indem es ein Netzwerk von Lagerhäusern und Lieferdiensten aufgebaut hat, das eine schnelle Lieferung innerhalb von 24 Stunden ermöglicht. Diese beiden Unternehmen haben nicht nur den Wettbewerb im E-Commerce angeheizt, sondern auch neue Standards für Kundenservice und Benutzererfahrung gesetzt.

Darüber hinaus hat der Aufstieg des E-Commerce in China zu einer Diversifizierung der Geschäftsmodelle geführt. Unternehmen experimentieren mit neuen Ansätzen wie Live-Streaming-Verkäufen, bei denen Influencer Produkte in Echtzeit präsentieren und verkaufen. Diese Verkaufsform hat sich besonders während der COVID-19-Pandemie als erfolgreich erwiesen, als viele Verbraucher nach alternativen Einkaufsmöglichkeiten suchten. Laut einer Umfrage von McKinsey aus dem Jahr 2023 gaben 60 % der Befragten an, während der Pandemie mehr Online-Einkäufe getätigt zu haben, und 40 % planen, auch nach der Pandemie weiterhin online einzukaufen.

Die Auswirkungen des E-Commerce auf die chinesische Wirtschaft sind tiefgreifend. Er hat nicht nur zur Schaffung von Millionen von Arbeitsplätzen in der Logistik, im Kundenservice und im IT-Sektor beigetragen, sondern auch die Art und Weise verändert, wie Unternehmen ihre Produkte vermarkten und vertreiben. Kleinunternehmer und Start-ups haben durch E-Commerce-Plattformen Zugang zu einem globalen Markt erhalten, was ihre Wachstumschancen erheblich verbessert hat. Dies steht im Einklang mit Chinas Ziel, Innovation und Unternehmertum zu fördern, um seine wirtschaftliche Wettbewerbsfähigkeit zu stärken.

Im weiteren Verlauf dieses Kapitels werden wir die verschiedenen Facetten des E-Commerce in China eingehender untersuchen. Wir werden die Rolle der digitalen Infrastruktur und der Smart Cities analysieren, die als Rückgrat für den E-Commerce dienen, sowie die Herausforderungen und Chancen, die mit dieser rasanten Entwicklung verbunden sind. Auch die Auswirkungen auf die Gesellschaft und die Kultur werden thematisiert, um ein umfassendes Bild von Chinas E-Commerce-Landschaft zu zeichnen. Der Aufstieg des E-Commerce ist nicht nur ein wirtschaftlicher Trend, sondern ein Indikator für die tiefgreifenden Veränderungen, die China in seiner Rolle als globale Supermacht durchläuft.

6.2 Smart Cities und digitale Infrastruktur

Die fortschreitende Digitalisierung in China hat die Entwicklung von Smart Cities zu einem entscheidenden Element gemacht, das nicht nur die Lebensqualität der Bürger steigern soll, sondern auch als Motor für wirtschaftliches Wachstum und technologische Innovation fungiert. In den vorherigen Kapiteln wurden bereits die grundlegenden Reformen und der beeindruckende wirtschaftliche Aufstieg des Landes behandelt. Jetzt richten wir unseren Fokus auf die digitale Infrastruktur, die als Rückgrat dieser Transformation dient.

Smart Cities in China sind weit mehr als bloße technologische Spielereien; sie sind das Resultat einer strategischen Vision, die darauf abzielt, städtische Herausforderungen wie Überbevölkerung, Umweltverschmutzung und ineffiziente Ressourcennutzung zu bewältigen. Ein Bericht des chinesischen Ministeriums für Wohnungsbau und Stadtentwicklung aus dem Jahr 2023 zeigt, dass über 500 Städte in China begonnen haben, Smart-City-Initiativen zu implementieren, die sich auf intelligente Verkehrssysteme, Energieeffizienz und digitale Verwaltung konzentrieren.

Ein herausragendes Beispiel ist Shenzhen, das als Vorreiter in der Entwicklung von Smart Cities gilt. In den letzten Jahren hat die Stadt erheblich in digitale Infrastrukturen investiert, um ihre urbanen Dienstleistungen zu optimieren. Laut einer Studie von McKinsey & Company (2024) konnte Shenzhen durch den Einsatz von IoT-Technologien (Internet der Dinge) und Big Data die Effizienz seiner öffentlichen Verkehrsmittel um 30 % steigern. Diese Technologien ermöglichen eine Echtzeitüberwachung und -steuerung des Verkehrsflusses, was zu einer signifikanten Reduzierung von Staus und Emissionen führt.

Die digitale Infrastruktur, die diesen Fortschritt unterstützt, umfasst sowohl die physische Netzwerkinfrastruktur als auch Softwarelösungen, die Datenanalysen und künstliche Intelligenz nutzen. Ein Beispiel dafür ist die Plattform "City Brain", die in Hangzhou implementiert wurde. Diese Plattform verwendet KI, um Verkehrsströme zu analysieren und Verkehrsampeln dynamisch anzupassen. Eine Untersuchung der Zhejiang-Universität (2023) zeigt, dass die Stadt durch diese Maßnahmen die durchschnittliche Reisezeit um 15 % reduzieren und gleichzeitig die Luftqualität verbessern konnte.

Dennoch sind die Investitionen in digitale Infrastrukturen mit Herausforderungen verbunden. Datenschutz und Datensicherheit sind zentrale Anliegen, die bei der Implementierung von Smart-City-Technologien berücksichtigt werden müssen. Eine Umfrage des Pew Research Centers (2024) ergab, dass 70 % der chinesischen Bürger besorgt über die Sicherheit ihrer persönlichen Daten in einer zunehmend vernetzten Welt sind. Diese Bedenken erfordern

Ein weiterer wichtiger Aspekt der Smart-City-Entwicklung ist die Integration nachhaltiger Praktiken. Chinas Regierung hat sich verpflichtet, bis 2030 den Höhepunkt der Kohlenstoffemissionen zu erreichen und bis 2060 klimaneutral zu werden. Smart Cities spielen eine entscheidende Rolle bei der Erreichung dieser Ziele, indem sie Technologien zur Energieeinsparung und zur Nutzung erneuerbarer Energien fördern. Laut dem Global Carbon Project (2023) könnten durch die Implementierung intelligenter Energiemanagementsysteme in urbanen Gebieten die CO_2-Emissionen um bis zu 20 % gesenkt werden.

Die Erfahrungen aus den ersten Smart-City-Projekten in China zeigen, dass der Erfolg dieser Initiativen stark von der Zusammenarbeit zwischen Regierung, Unternehmen und Zivilgesellschaft abhängt. Innovative Partnerschaften sind notwendig, um die erforderlichen Technologien zu entwickeln und die Akzeptanz in der Bevölkerung zu fördern. Die Belt and Road Initiative, die den Austausch von Technologien und Know-how zwischen Ländern fördert, könnte hierbei eine Schlüsselrolle spielen.

Zusammenfassend lässt sich sagen, dass die Entwicklung von Smart Cities in China nicht nur ein technologisches Unterfangen ist, sondern auch tiefgreifende soziale und wirtschaftliche Implikationen hat. Die kommenden Herausforderungen bestehen darin, ein Gleichgewicht zwischen technologischen Fortschritten und den Bedürfnissen der Bürger zu finden. Im nächsten Unterkapitel werden wir uns mit der Rolle der Künstlichen Intelligenz in dieser digitalen Transformation befassen und untersuchen, wie sie verschiedene Sektoren der Wirtschaft beeinflusst und welche neuen Möglichkeiten sie schafft.

6.3 Künstliche Intelligenz und ihre Anwendungen

Künstliche Intelligenz (KI) hat sich zu einem entscheidenden Element der digitalen Transformation in China entwickelt. In den vorherigen Abschnitten haben wir die grundlegenden Veränderungen durch die Digitalisierung und die Entstehung von Smart Cities untersucht. Diese Themen sind eng mit dem Aufstieg der KI verbunden, die sowohl die Wirtschaft als auch das alltägliche Leben der Menschen in China grundlegend verändert. Die erheblichen Investitionen in Forschung und Entwicklung im Bereich KI sind ein strategischer Schritt, um Chinas Position als globaler Technologieführer zu festigen.

China strebt an, bis 2030 eine führende Rolle im Bereich der KI einzunehmen. Ein Bericht des chinesischen Ministeriums für Wissenschaft und Technologie aus dem Jahr 2022 prognostiziert, dass der KI-Sektor bis 2030 einen Wert von über 1 Billion US-Dollar erreichen wird. Diese Einschätzung verdeutlicht die hohe Bedeutung, die sowohl die Regierung als auch die Industrie der KI beimessen. Um dieses Ziel zu erreichen, wurden umfassende Initiativen ins Leben gerufen, die sowohl staatliche als auch private Akteure einbeziehen.

Ein bemerkenswertes Beispiel für die Anwendung von KI in China ist der Gesundheitssektor. Der Einsatz von KI-gestützten Diagnosetools ermöglicht es Ärzten, schneller und präziser Diagnosen zu stellen. Eine Studie des Peking Union Medical College aus dem Jahr 2023 zeigt, dass KI-Systeme in der Radiologie die Genauigkeit von Diagnosen um bis zu 20 Prozent erhöhen können. Diese Fortschritte haben das Potenzial, die Qualität der medizinischen Versorgung erheblich zu verbessern und gleichzeitig die Effizienz im Gesundheitswesen zu steigern.

Ein weiterer bedeutender Anwendungsbereich ist die Automobilindustrie. China hat sich als weltweit führend in der Entwicklung autonomer Fahrzeuge etabliert. Unternehmen wie Baidu und Didi Chuxing investieren stark in KI-Technologien zur Entwicklung selbstfahrender Autos. Laut einer Analyse von McKinsey & Company aus dem Jahr 2023 wird der Markt für autonome Fahrzeuge in China bis 2030 voraussichtlich auf 60 Milliarden US-Dollar anwachsen. Dies verdeutlicht, wie KI nicht nur die Mobilität revolutioniert, sondern auch neue wirtschaftliche Chancen schafft.

Die Integration von KI in die Industrie, auch bekannt als Industrie 4.0, stellt einen weiteren Schlüsselbereich dar. Chinesische Unternehmen setzen zunehmend auf KI, um Produktionsprozesse zu optimieren und die Effizienz zu steigern. Ein Bericht von Deloitte aus dem Jahr 2023 hebt hervor, dass Unternehmen, die KI in ihren Produktionsabläufen implementieren, ihre Produktivität um bis zu 30 Prozent steigern können. Diese Entwicklungen tragen dazu bei, Chinas Wettbewerbsfähigkeit auf dem globalen Markt zu erhöhen.

Dennoch dürfen die Herausforderungen, die mit der Implementierung von KI verbunden sind, nicht ignoriert werden. Datenschutz und ethische Fragestellungen stehen im Mittelpunkt der Diskussion. Die chinesische Regierung hat bereits Maßnahmen ergriffen, um einen rechtlichen Rahmen für den Umgang mit KI zu schaffen. Im Jahr 2021 wurde das "Regulierungsgesetz für Künstliche Intelligenz" eingeführt, das darauf abzielt, den verantwortungsvollen Einsatz von KI-Technologien zu fördern und gleichzeitig die Privatsphäre der Bürger zu schützen.

Ein weiterer wichtiger Aspekt ist die Ausbildung und Qualifizierung der Arbeitskräfte. Der rasante Fortschritt der KI-Technologie erfordert neue Fähigkeiten und Kenntnisse. Laut einer Studie des World Economic Forum aus dem Jahr 2024 müssen bis 2027 rund 44 Prozent der Arbeitnehmer in China umgeschult werden, um den Anforderungen des digitalen Marktes gerecht zu werden. Dies verdeutlicht die Notwendigkeit eines kontinuierlichen Lernens und der Anpassung an neue Technologien.

Zusammenfassend lässt sich sagen, dass Künstliche Intelligenz eine transformative Kraft in China darstellt, die weitreichende Auswirkungen auf verschiedene Sektoren hat. Die massiven Investitionen in Forschung und Entwicklung sowie die staatliche Unterstützung schaffen ein günstiges Umfeld für Innovationen. Gleichzeitig müssen jedoch auch die Herausforderungen, insbesondere im Hinblick auf Datenschutz und Ausbildung, aktiv angegangen werden. Die kommenden Kapitel werden sich mit den praktischen Strategien befassen, die notwendig sind, um die Vorteile der KI voll auszuschöpfen und gleichzeitig die damit verbundenen Risiken zu minimieren. Damit wird der Grundstein für Chinas weitere Entwicklung als globale Supermacht gelegt.

7
Chinas Rolle in der globalen Wirtschaft

7.2 Einfluss auf internationale Märkte

Chinas Einfluss auf internationale Märkte wird maßgeblich durch seine Exporte und Investitionen bestimmt. In den letzten Jahrzehnten hat sich das Land zu einem der größten Exportmärkte weltweit entwickelt, was nicht nur die chinesische Wirtschaft, sondern auch die globalen Handelsströme erheblich verändert hat. Laut dem Internationalen Währungsfonds (IWF) beliefen sich die chinesischen Exporte im Jahr 2022 auf über 3 Billionen US-Dollar, was etwa 14 Prozent des weltweiten Handelsvolumens ausmacht (IWF, 2023). Diese beeindruckenden Zahlen verdeutlichen, wie China seine Produktionskapazitäten ausgebaut und seine Rolle als globaler Lieferant gefestigt hat.

Ein zentraler Faktor für Chinas wirtschaftlichen Aufstieg ist die strategische Fokussierung auf Exportmärkte. Die chinesische Regierung hat durch eine Vielzahl von Handelsabkommen und wirtschaftlichen Partnerschaften die Voraussetzungen geschaffen, um den Zugang zu internationalen Märkten zu erleichtern. Ein herausragendes Beispiel ist das Regional Comprehensive Economic Partnership (RCEP), das 2020 in Kraft trat und eine der größten Freihandelszonen der Welt bildet. Dieses Abkommen umfasst 15 Länder und zielt darauf ab, den Handel und die Investitionen innerhalb der Region zu fördern (ASEAN, 2020).

Neben den Exporten hat China auch erheblich in ausländische Märkte investiert. Laut dem Bericht der United Nations Conference on Trade and Development (UNCTAD) betrugen die chinesischen Auslandsinvestitionen im Jahr 2021 über 150 Milliarden US-Dollar, wodurch China zum zweitgrößten Investor weltweit aufstieg (UNCTAD, 2022). Diese Investitionen konzentrieren sich häufig auf strategische Sektoren wie Infrastruktur, Energie und Technologie, was Chinas Einfluss auf die wirtschaftliche Entwicklung anderer Länder verstärkt.

Ein markantes Beispiel für Chinas Investitionsstrategie ist die Belt and Road Initiative (BRI), die 2013 ins Leben gerufen wurde. Diese Initiative zielt darauf ab, durch den Ausbau von Infrastrukturprojekten in Asien, Europa und Afrika neue Handelsrouten zu schaffen. Bis 2023 wurden über 140 Länder in die Initiative einbezogen, und die Gesamtinvestitionen werden auf mehrere Billionen US-Dollar geschätzt (China State Council, 2023). Durch diese Projekte fördert China nicht nur den eigenen Handel, sondern auch die wirtschaftliche Integration und Entwicklung in den Partnerländern.

Die Auswirkungen von Chinas Exporten und Investitionen sind jedoch nicht nur wirtschaftlicher Natur. Sie haben auch politische Dimensionen, da sie oft mit dem Aufbau strategischer Allianzen und der Stärkung diplomatischer Beziehungen einhergehen. Länder, die von chinesischen Investitionen profitieren, zeigen häufig eine größere Bereitschaft, Chinas Standpunkte in internationalen Foren zu unterstützen. Dies hat zu einer Verschiebung der geopolitischen Landschaft geführt, in der China zunehmend als führende Macht auftritt.

Ein weiterer Aspekt, der Chinas Einfluss auf internationale Märkte verstärkt, ist die zunehmende Technologisierung und Digitalisierung. Chinesische Unternehmen, insbesondere im Bereich der Informationstechnologie, haben sich als globale Akteure etabliert. Firmen wie Huawei und Alibaba sind nicht nur im Inland erfolgreich, sondern haben auch bedeutende Marktanteile in Europa, Afrika und anderen Regionen gewonnen. Laut einer Studie von McKinsey & Company wird erwartet, dass der Anteil der digitalen Wirtschaft an Chinas BIP bis 2025 auf über 30 Prozent steigen wird (McKinsey, 2023). Diese Entwicklung hat weitreichende Auswirkungen auf die Wettbewerbsfähigkeit und Innovationskraft Chinas auf den internationalen Märkten.

Insgesamt zeigt sich, dass Chinas Einfluss auf internationale Märkte sowohl durch seine Exporte als auch durch seine Investitionen geprägt ist. Die Kombination aus strategischen Handelsabkommen, umfangreichen Auslandsinvestitionen und technologischem Fortschritt positioniert China als einen zentralen Akteur in der globalen Wirtschaft. Angesichts dieser Dynamik stellt sich die Frage, wie andere Länder auf Chinas wachsenden Einfluss reagieren werden und welche Strategien sie entwickeln, um im internationalen Wettbewerb bestehen zu können.

Im nächsten Abschnitt werden wir uns eingehender mit Chinas Rolle als Investor beschäftigen und untersuchen, wie diese Investitionen nicht nur die wirtschaftliche Landschaft, sondern auch die politischen Allianzen in verschiedenen Regionen der Welt beeinflussen.

7.3 Chinas Rolle als Investor

Chinas Rolle als Investor ist ein entscheidender Faktor für seine Position in der globalen Wirtschaft. In den vorhergehenden Kapiteln haben wir die Entwicklung Chinas von einem Entwicklungsland zu einer führenden Wirtschaftsmacht verfolgt, die durch umfassende Reformen und eine strategische Innovationspolitik geprägt ist. Diese Transformation hat nicht nur das interne Wachstum des Landes gefördert, sondern auch Chinas Einfluss auf internationale Märkte und geopolitische Allianzen erheblich verstärkt. In diesem Kontext wird die Rolle Chinas als Investor besonders deutlich, da sie sowohl die wirtschaftliche Entwicklung anderer Länder als auch die eigenen globalen Ambitionen des Landes vorantreibt.

In den letzten zwei Jahrzehnten hat sich China zu einem der größten ausländischen Investoren weltweit entwickelt. Laut dem Bericht der UNCTAD (United Nations Conference on Trade and Development) aus dem Jahr 2023 beliefen sich die chinesischen Auslandsinvestitionen im Jahr 2022 auf über 200 Milliarden US-Dollar, wodurch China zum zweitgrößten Investor nach den USA wurde. Diese Investitionen konzentrieren sich auf verschiedene Sektoren wie Infrastruktur, Energie, Technologie und Landwirtschaft und sind häufig Teil von Chinas umfassender Strategie zur Förderung der Belt and Road Initiative (BRI). Diese Initiative zielt darauf ab, Handelsrouten zu erweitern und strategische Partnerschaften mit Ländern in Asien, Europa und Afrika aufzubauen.

Ein prägnantes Beispiel für Chinas Investitionsstrategie ist die Finanzierung von Infrastrukturprojekten in Entwicklungsländern. Durch Kredite und direkte Investitionen in Straßen, Eisenbahnen und Häfen trägt China zur wirtschaftlichen Entwicklung dieser Länder bei und schafft gleichzeitig neue Märkte für chinesische Unternehmen. Ein Bericht der Weltbank aus dem Jahr 2023 hebt hervor, dass über 60 % der BRI-Projekte in Ländern mit niedrigem und mittlerem Einkommen angesiedelt sind, was die Bedeutung dieser Investitionen für die globale wirtschaftliche Integration unterstreicht.

Die Auswirkungen dieser Investitionen sind jedoch nicht einseitig. Während viele Empfängerländer von der finanziellen Unterstützung profitieren, gibt es auch Bedenken hinsichtlich der Verschuldung und der Abhängigkeit von China. Kritiker warnen, dass einige dieser Projekte dazu führen können, dass Länder in eine Schuldenfalle geraten, aus der sie nur schwer entkommen können. Ein Beispiel hierfür ist Sri Lanka, das 2021 aufgrund von Schulden aus einem chinesischen Hafenprojekt in eine schwere Finanzkrise geriet. Solche Fälle werfen Fragen zur Nachhaltigkeit und den langfristigen Auswirkungen chinesischer Investitionen auf.

Zusätzlich zu Infrastrukturprojekten investiert China auch stark in Technologien und Start-ups weltweit. Laut einer Studie von McKinsey aus dem Jahr 2023 haben chinesische Unternehmen in den letzten fünf Jahren über 50 Milliarden US-Dollar in ausländische Technologie-Start-ups investiert. Diese Investitionen zielen darauf ab, Zugang zu innovativen Technologien zu erhalten und die eigene Wettbewerbsfähigkeit zu steigern. Die Übernahme von Unternehmen wie dem britischen Robotikunternehmen DeepMind durch Google verdeutlicht, wie wichtig der Zugang zu fortschrittlicher Technologie für die wirtschaftliche Strategie Chinas ist.

Ein weiterer bedeutender Aspekt von Chinas Rolle als Investor ist die Förderung von "grünen" Investitionen. Im Einklang mit den globalen Bemühungen um nachhaltige Entwicklung hat China begonnen, in erneuerbare Energien und umweltfreundliche Technologien zu investieren. Laut dem Global Investment Trends Report 2023 investierte China im Jahr 2022 mehr als 30 Milliarden US-Dollar in grüne Projekte im Ausland, was die Absicht des Landes unterstreicht, seine Führungsrolle im Bereich nachhaltiger Entwicklung auszubauen.

Die Herausforderungen, vor denen China als Investor steht, sind jedoch vielfältig. Geopolitische Spannungen, insbesondere mit den USA und anderen westlichen Ländern, könnten die zukünftigen Investitionsströme beeinflussen. Zudem gibt es wachsende Bedenken hinsichtlich der Transparenz und der sozialen Auswirkungen chinesischer Investitionen. Die internationale Gemeinschaft fordert zunehmend eine verantwortungsvolle Investitionspraxis, die die Interessen der lokalen Bevölkerung berücksichtigt.

Zusammenfassend lässt sich sagen, dass Chinas Rolle als Investor sowohl Chancen als auch Herausforderungen mit sich bringt. Die Fähigkeit, in verschiedene Sektoren und Länder zu investieren, stärkt nicht nur Chinas wirtschaftliche Position, sondern fördert auch die Entwicklung in vielen Teilen der Welt. Dennoch müssen die potenziellen Risiken und die Notwendigkeit einer verantwortungsvollen Investitionspolitik ernst genommen werden. In den kommenden Kapiteln werden wir weiter untersuchen, wie diese Investitionsstrategien in das größere Bild von Chinas globaler Strategie und seinen zukünftigen Ambitionen integriert sind.

8
Die Belt and Road Initiative

8.1 Ziele und Strategien der Initiative

Die Belt and Road Initiative (BRI), die 2013 von Präsident Xi Jinping ins Leben gerufen wurde, ist ein zentraler Bestandteil von Chinas Strategie zur Erweiterung seines globalen Einflusses und zur Stärkung seiner wirtschaftlichen Reichweite. In einer Zeit zunehmender geopolitischer Spannungen und wirtschaftlicher Herausforderungen verfolgt China mit dieser Initiative das Ziel, ein umfassendes Netzwerk aus Infrastrukturprojekten und geopolitischen Allianzen zu schaffen. Dieses Netzwerk soll nicht nur den Handel erleichtern, sondern auch strategische Partnerschaften fördern.

Ein zentrales Ziel der BRI ist die Verbesserung der Infrastruktur in Asien, Europa und darüber hinaus. Die Initiative umfasst eine Vielzahl von Projekten, darunter den Bau von Straßen, Eisenbahnen, Häfen und Energieanlagen. Laut einem Bericht der Asian Development Bank aus dem Jahr 2023 wird geschätzt, dass bis 2030 weltweit etwa 26 Billionen US-Dollar benötigt werden, um die Infrastruktur zu modernisieren und den wirtschaftlichen Austausch zu fördern. China sieht sich hier als Hauptakteur, der durch Investitionen und technische Expertise zur Lösung dieser Herausforderungen beiträgt.

Ein weiterer strategischer Aspekt der BRI ist die Schaffung von Handelsrouten, die nicht nur den Warenverkehr erleichtern, sondern auch den kulturellen Austausch zwischen den beteiligten Ländern fördern. Die Initiative zielt darauf ab, bestehende Handelsbeziehungen zu stärken und neue Märkte zu erschließen. Durch den Ausbau von Verkehrs- und Kommunikationsinfrastrukturen wird erwartet, dass der Handel zwischen China und den Partnerländern erheblich ansteigt. Eine Studie des China Development Research Institute aus dem Jahr 2024 prognostiziert, dass der bilaterale Handel zwischen China und den BRI-Ländern bis 2030 um bis zu 50 Prozent steigen könnte.

Die geopolitischen Implikationen der BRI sind ebenfalls von großer Bedeutung. China verfolgt mit dieser Initiative nicht nur wirtschaftliche Interessen, sondern strebt auch danach, seinen politischen Einfluss in verschiedenen Regionen der Welt auszubauen. Durch die Unterstützung von Ländern in Entwicklungsregionen schafft China strategische Allianzen, die ihm helfen, seine Position auf der globalen Bühne zu festigen. Dies zeigt sich besonders in den Beziehungen zu Ländern in Afrika und Zentralasien, wo China bereits bedeutende Investitionen getätigt hat. Ein Beispiel hierfür ist die Zusammenarbeit mit Pakistan und Kasachstan, wo China große Infrastrukturprojekte realisiert hat, die sowohl wirtschaftliche als auch politische Vorteile für beide Seiten bringen.

Die BRI steht jedoch auch vor Herausforderungen. Kritiker warnen, dass die Initiative dazu führen könnte, dass teilnehmende Länder in eine Schuldenfalle geraten, da sie oft hohe Kredite aufnehmen müssen, um die Projekte zu finanzieren. Eine Analyse des Internationalen Währungsfonds aus dem Jahr 2023 zeigt, dass einige Länder, die an der BRI beteiligt sind, bereits Schwierigkeiten haben, ihre Schulden zu bedienen. Dies könnte langfristig zu einer Abhängigkeit von China führen und die Souveränität dieser Länder gefährden.

Dennoch bleibt die BRI ein zentraler Bestandteil von Chinas langfristiger Strategie, seine Rolle als globale Supermacht zu festigen. Die Initiative bietet nicht nur wirtschaftliche Vorteile, sondern auch die Möglichkeit, Chinas Soft Power zu stärken. Durch den Aufbau von Infrastrukturen und die Förderung des Handels kann China sein Image als verantwortungsbewusster globaler Akteur fördern und gleichzeitig seine politischen und wirtschaftlichen Interessen vorantreiben.

In den kommenden Abschnitten dieses Kapitels werden wir die konkreten Infrastrukturprojekte der BRI in verschiedenen Regionen analysieren und die geopolitischen Auswirkungen dieser Initiative auf die internationale Politik und Wirtschaft näher beleuchten. Wir werden untersuchen, wie China durch die BRI nicht nur seine wirtschaftliche Reichweite ausdehnt, sondern auch strategische Partnerschaften aufbaut, die seine Position in der globalen Ordnung weiter festigen. Die BRI ist somit nicht nur ein wirtschaftliches, sondern auch ein politisches Projekt, das weitreichende Folgen für die internationale Gemeinschaft haben könnte.

Chinas Einfluss auf politische Allianzen

9.3 Chinas Rolle in internationalen Organisationen

Chinas Einfluss in internationalen Organisationen ist ein wesentlicher Bestandteil seines Aufstiegs zur globalen Supermacht. Durch die Mitgliedschaft in Institutionen wie den Vereinten Nationen (UN), der Weltgesundheitsorganisation (WHO) und der Welthandelsorganisation (WTO) hat China die Möglichkeit, seine Interessen auf der globalen Bühne zu vertreten und seinen Einfluss kontinuierlich auszubauen. Diese Organisationen bieten nicht nur Plattformen für diplomatische Beziehungen, sondern auch Gelegenheiten zur Mitgestaltung internationaler Normen und Standards.

Ein zentrales Ziel Chinas in diesen Organisationen ist die Festigung seiner Position als globale Führungsmacht. Seit dem Beitritt zur WTO im Jahr 2001 hat China seine Handelsbeziehungen erheblich erweitert und ist mittlerweile der größte Exporteur weltweit. Laut einer Studie des Internationalen Währungsfonds (IWF) aus dem Jahr 2023 entfällt etwa 15 % des globalen Handelsvolumens auf China, was seine wirtschaftliche Relevanz unterstreicht. Diese wirtschaftliche Stärke wird zunehmend durch politischen Einfluss ergänzt, insbesondere in Fragen der globalen Governance.

Ein markantes Beispiel für Chinas Bestrebungen, seine Rolle in internationalen Organisationen zu festigen, ist die Belt and Road Initiative (BRI). Diese 2013 ins Leben gerufene Initiative zielt darauf ab, Infrastrukturprojekte in über 60 Ländern zu fördern und somit sowohl wirtschaftliche als auch geopolitische Verbindungen zu stärken. Viele betrachten die BRI als strategisches Mittel, um Chinas Einfluss in Asien, Europa und darüber hinaus auszubauen. Ein Bericht der Asian Development Bank (ADB) aus dem Jahr 2024 schätzt, dass die BRI bis 2030 Investitionen in Höhe von 1,7 Billionen US-Dollar mobilisieren könnte, was die wirtschaftliche Vernetzung Chinas mit anderen Ländern weiter vertiefen würde.

Darüber hinaus hat China in den letzten Jahren verstärkt in multilaterale Organisationen investiert, um seine Soft Power zu erhöhen. Die Gründung der Asiatischen Infrastruktur-Investitionsbank (AIIB) im Jahr 2015 ist ein Beispiel dafür, wie China alternative Finanzierungsquellen schaffen und gleichzeitig die Dominanz westlicher Institutionen wie der Weltbank und des IWF herausfordern möchte. Die AIIB zählt mittlerweile über 100 Mitgliedsstaaten und bietet eine bedeutende Plattform für Entwicklungsfinanzierung, die

Ein weiterer Aspekt von Chinas Engagement in internationalen Organisationen ist die aktive Teilnahme an globalen Diskussionen über Herausforderungen wie den Klimawandel und die Bekämpfung von Pandemien. China hat sich verpflichtet, bis 2060 klimaneutral zu werden, und spielt eine zentrale Rolle in den Verhandlungen des Pariser Abkommens. Laut einem Bericht des Umweltprogramms der Vereinten Nationen (UNEP) aus dem Jahr 2023 hat China seine CO_2-Emissionen im Jahr 2022 um 1,5 % gesenkt, was zeigt, dass das Land bereit ist, Verantwortung auf globaler Ebene zu übernehmen.

Dennoch sieht sich China auch Herausforderungen gegenüber, wenn es darum geht, eine führende Rolle in internationalen Organisationen zu übernehmen. Kritiker werfen dem Land vor, seine wirtschaftliche Macht zu nutzen, um politischen Einfluss auszuüben und autoritäre Regime zu unterstützen. Diese Bedenken wurden besonders während der COVID-19-Pandemie laut, als China beschuldigt wurde, Informationen zurückgehalten zu haben und seine Diplomatie zur Förderung eigener Interessen zu nutzen. Solche Vorwürfe könnten langfristig Chinas Bemühungen, Vertrauen und Glaubwürdigkeit in internationalen Organisationen aufzubauen, beeinträchtigen.

Zusammenfassend lässt sich feststellen, dass Chinas Rolle in internationalen Organisationen sowohl Chancen als auch Herausforderungen birgt. Das Land nutzt seine Mitgliedschaften, um wirtschaftliche und politische Interessen zu fördern und seine Position als globale Supermacht zu festigen. Gleichzeitig muss China jedoch die Bedenken anderer Länder ernst nehmen und transparentere sowie kooperativere Ansätze verfolgen, um sein internationales Ansehen zu verbessern. In den kommenden Kapiteln werden wir untersuchen, wie diese Dynamiken Chinas zukünftige Strategien und seine Rolle in der globalen Ordnung beeinflussen werden.

10
Herausforderungen für China

10.2 Soziale Ungleichheit und Armut

Chinas beeindruckender wirtschaftlicher Aufstieg wirft unweigerlich die Fragen der sozialen Ungleichheit und Armut auf. Trotz eines beispiellosen Wirtschaftswachstums in den letzten Jahrzehnten bleiben diese Themen von zentraler Bedeutung. Sie sind entscheidend für die Schaffung einer stabilen und gerechten Gesellschaft, die für Chinas langfristige Entwicklung unerlässlich ist.

Die seit den 1980er Jahren unter Deng Xiaoping eingeleiteten wirtschaftlichen Reformen haben Millionen aus der Armut befreit, jedoch auch eine erhebliche Kluft zwischen verschiedenen sozialen Gruppen geschaffen. Laut dem Nationalen Statistikamt Chinas lebten im Jahr 2022 etwa 5,5 % der Bevölkerung unter der nationalen Armutsgrenze, was einem Rückgang von 88 Millionen Menschen seit 2012 entspricht. Dennoch bleibt die Ungleichheit in Bezug auf Einkommen und Zugang zu Ressourcen ein drängendes Problem. Der Gini-Koeffizient, ein Maß für die Einkommensverteilung, lag 2021 bei 0,47 und zeigt damit eine signifikante Ungleichheit an.

Ein weiterer Faktor, der zur sozialen Ungleichheit beiträgt, ist die ungleiche Verteilung von Bildungschancen. In städtischen Gebieten haben Kinder in der Regel besseren Zugang zu qualitativ hochwertiger Bildung als ihre ländlichen Altersgenossen. Eine Studie der Chinesischen Akademie der Sozialwissenschaften aus dem Jahr 2023 zeigt, dass Schüler aus ländlichen Regionen im Durchschnitt 20 % schlechtere Leistungen in nationalen Prüfungen erzielen als Schüler aus städtischen Gebieten. Diese Bildungsungleichheit hat langfristige Auswirkungen auf die Beschäftigungsmöglichkeiten und das Einkommen dieser Kinder und perpetuiert somit den Kreislauf der Armut.

Um die soziale Ungleichheit zu verringern und die Armut zu bekämpfen, hat die Regierung verschiedene Maßnahmen ergriffen. Ein Beispiel ist das 2013 ins Leben gerufene Programm zur gezielten Armutsbekämpfung, das darauf abzielt, benachteiligte Regionen durch Infrastrukturinvestitionen, Schulungsprogramme und finanzielle Unterstützung zu fördern. Laut einem Bericht der Weltbank aus dem Jahr 2023 hat dieses Programm dazu beigetragen, die Lebensbedingungen in über 800.000 Dörfern zu verbessern und die Armutsquote in diesen Gebieten signifikant zu senken.

Dennoch stehen viele Menschen in städtischen Gebieten, insbesondere Migrantenarbeiter, weiterhin vor prekären Arbeitsbedingungen und unsicheren Lebensverhältnissen. Eine Umfrage des Chinesischen Instituts für Arbeitsforschung aus dem Jahr 2024 ergab, dass 40 % der Migrantenarbeiter in Städten keinen Zugang zu sozialen Sicherungssystemen haben, was ihre Anfälligkeit für Armut erhöht. Diese Situation verdeutlicht die Notwendigkeit eines umfassenderen Ansatzes zur Bekämpfung der sozialen Ungleichheit, der sowohl wirtschaftliche als auch soziale Dimensionen berücksichtigt.

Ein weiterer kritischer Punkt ist die Rolle der sozialen Mobilität. Während das Wirtschaftswachstum neue Möglichkeiten geschaffen hat, wird die Fähigkeit der Menschen, sich aus der Armut zu befreien, oft durch strukturelle Barrieren eingeschränkt. Laut einer Studie der Chinesischen Universität für Sozialwissenschaften aus dem Jahr 2023 sind die Chancen für Kinder aus einkommensschwachen Familien, in höhere Einkommensgruppen aufzusteigen, signifikant geringer als für ihre wohlhabenderen Altersgenossen. Dies führt zu einer Verfestigung der sozialen Schichten und erschwert den sozialen Aufstieg.

Die Bekämpfung von sozialer Ungleichheit und Armut ist nicht nur eine moralische Verpflichtung, sondern auch eine wirtschaftliche Notwendigkeit für China. Eine gerechtere Verteilung von Ressourcen und Chancen könnte das wirtschaftliche Potenzial des Landes weiter ausschöpfen und die gesellschaftliche Stabilität fördern. Angesichts der demografischen Herausforderungen, wie der alternden Bevölkerung und der sinkenden Geburtenrate, wird die Notwendigkeit, alle Bürger in den wirtschaftlichen Fortschritt einzubeziehen, immer dringlicher.

Zusammenfassend lässt sich sagen, dass soziale Ungleichheit und Armut in China komplexe Herausforderungen darstellen, die tief in der Struktur der Gesellschaft verwurzelt sind. Die Bemühungen der Regierung zur Bekämpfung dieser Probleme sind vielversprechend, doch es bedarf weiterer Anstrengungen, um eine gerechte und inklusive Gesellschaft zu schaffen. Im nächsten Abschnitt werden wir uns mit den politischen Repressionen und Menschenrechtsfragen befassen, die ebenfalls bedeutende Herausforderungen für Chinas Weg zur Weltspitze darstellen.

<h1 style="text-align:center">11</h1>

Chinas Antwort auf globale Krisen

11.2 Reaktionen auf wirtschaftliche Krisen

Chinas Antworten auf wirtschaftliche Krisen sind geprägt von der Implementierung gezielter Stabilisierungsmaßnahmen und -programme. Diese Strategien zielen darauf ab, die wirtschaftliche Stabilität zu sichern und das Wachstum zu fördern. In den letzten Jahrzehnten hat China immer wieder auf interne und externe wirtschaftliche Herausforderungen reagiert, wobei sich die eingesetzten Methoden und Instrumente kontinuierlich weiterentwickelt haben.

Ein markantes Beispiel für Chinas Reaktion auf wirtschaftliche Krisen ist die globale Finanzkrise von 2008. Um die negativen Auswirkungen dieser Krise abzufedern, führte die chinesische Regierung ein umfassendes Konjunkturpaket in Höhe von 4 Billionen Yuan (rund 586 Milliarden US-Dollar) ein. Der Fokus dieses Pakets lag auf Infrastrukturinvestitionen, der Schaffung von Arbeitsplätzen und der Ankurbelung des Konsums. Laut einer Studie des Internationalen Währungsfonds (IWF) aus dem Jahr 2010 trugen diese Maßnahmen dazu bei, dass Chinas Wirtschaft trotz der globalen Rezession um 9,2 Prozent wuchs, während viele andere Länder mit Rückgängen konfrontiert waren (IWF, 2010).

Ein weiteres prägnantes Beispiel ist die COVID-19-Pandemie, die 2020 eine beispiellose wirtschaftliche Herausforderung darstellte. Die chinesische Regierung reagierte rasch mit strengen Lockdowns und umfassenden Gesundheitsmaßnahmen, um die Ausbreitung des Virus einzudämmen. Gleichzeitig wurden wirtschaftliche Unterstützungsprogramme aufgelegt, um Unternehmen und Haushalte zu entlasten. Laut einer Analyse der Weltbank (2021) konnte China seine Wirtschaft im Jahr 2020 um 2,3 Prozent wachsen lassen, während viele andere Volkswirtschaften schrumpften. Diese Resilienz wurde durch die zügige Wiedereröffnung der Wirtschaft und die Einführung von Maßnahmen zur Förderung des Konsums und der Investitionen erreicht.

Die Strategien zur Krisenbewältigung in China sind nicht nur reaktiv, sondern auch proaktiv. Die Regierung hat langfristige Pläne entwickelt, um die Widerstandsfähigkeit der Wirtschaft zu stärken. Ein Beispiel hierfür ist die Initiative "Made in China 2025", die darauf abzielt, die technologische Selbstständigkeit zu fördern und die Abhängigkeit von ausländischen Technologien zu verringern. Diese Initiative wurde als

Zusätzlich zu diesen Maßnahmen hat China auch seine Geldpolitik angepasst, um auf wirtschaftliche Krisen zu reagieren. Die People's Bank of China (PBoC) hat in Krisenzeiten häufig die Zinssätze gesenkt und Liquiditätsmaßnahmen ergriffen, um die Kreditvergabe zu stimulieren. Laut einem Bericht der Bank für Internationalen Zahlungsausgleich (BIZ) aus dem Jahr 2022 senkte die PBoC während der Pandemie die Zinssätze auf ein historisches Tief, um die Wirtschaft zu unterstützen (BIZ, 2022). Diese geldpolitischen Maßnahmen ermöglichten es Unternehmen, Kredite zu günstigeren Konditionen aufzunehmen, was wiederum das Wirtschaftswachstum ankurbelte.

Die Reaktionen Chinas auf wirtschaftliche Krisen sind eng mit sozialen Aspekten verknüpft. Die Regierung hat erkannt, dass soziale Stabilität entscheidend für das wirtschaftliche Wachstum ist. Daher wurden Programme zur Bekämpfung der Armut und zur Förderung der sozialen Sicherheit implementiert. Laut dem Nationalen Büro für Statistik Chinas (2021) konnte das Land bis Ende 2020 mehr als 800 Millionen Menschen aus extremer Armut befreien. Diese Errungenschaft wird als Schlüssel zur Aufrechterhaltung der sozialen Stabilität und zur Förderung des Konsums angesehen, was wiederum das Wirtschaftswachstum unterstützt.

Insgesamt zeigt sich, dass Chinas Reaktionen auf wirtschaftliche Krisen durch eine Kombination aus schnellen Maßnahmen, langfristigen Strategien und sozialer Verantwortung geprägt sind. Diese Ansätze ermöglichen es dem Land, nicht nur kurzfristige Herausforderungen zu bewältigen, sondern auch eine nachhaltige wirtschaftliche Entwicklung zu fördern. Die Frage, die sich nun stellt, ist, wie China seine Rolle im Klimaschutz gestalten wird, insbesondere angesichts der globalen Herausforderungen, die sich aus dem Klimawandel ergeben. Im nächsten Abschnitt werden wir untersuchen, welche Strategien China verfolgt, um seine Emissionen zu reduzieren und gleichzeitig das Wirtschaftswachstum aufrechtzuerhalten.

11.3 Chinas Rolle im Klimaschutz

Chinas Engagement im Klimaschutz hat in den letzten Jahren zunehmend an Bedeutung gewonnen und ist zu einem zentralen Thema in der globalen Diskussion geworden. Angesichts der drängenden Herausforderungen des Klimawandels hat China eine Vielzahl von Strategien und Maßnahmen implementiert, um seine Emissionen zu reduzieren und die Umwelt zu schützen. Diese Entwicklungen sind nicht nur für die nationale Politik von entscheidender Bedeutung, sondern haben auch weitreichende Auswirkungen auf die internationale Gemeinschaft.

In den vergangenen Jahrzehnten hat China eine bemerkenswerte Transformation durchlaufen, die es dem Land ermöglicht hat, sich als führende Wirtschaftsmacht zu etablieren. Diese wirtschaftliche Entwicklung ging jedoch oft mit einem Anstieg der Treibhausgasemissionen einher. Laut dem Global Carbon Project beliefen sich die CO2-Emissionen Chinas im Jahr 2022 auf etwa 10,7 Milliarden Tonnen, was rund 28 Prozent der globalen Emissionen entspricht (Global Carbon Project, 2022). Diese Zahlen verdeutlichen die Dringlichkeit, mit der China handeln muss, um seine Emissionsbilanz zu verbessern und gleichzeitig das wirtschaftliche Wachstum aufrechtzuerhalten.

Ein zentraler Bestandteil von Chinas Klimaschutzstrategie ist die Verpflichtung zur Kohlenstoffneutralität bis 2060. Dieses Ziel wurde erstmals 2020 von Präsident Xi Jinping auf der Generalversammlung der Vereinten Nationen verkündet. Um dieses ambitionierte Ziel zu erreichen, hat China zahlreiche Maßnahmen ergriffen, darunter die Förderung erneuerbarer Energien, die Verbesserung der Energieeffizienz sowie die Entwicklung von Technologien zur Kohlenstoffabscheidung und -speicherung. Im Jahr 2021 stammten bereits 29 Prozent des Stroms in China aus erneuerbaren Quellen, und das Land ist der weltweit größte Produzent von Solarenergie (International Energy Agency, 2022).

Die Belt and Road Initiative (BRI) spielt ebenfalls eine entscheidende Rolle in Chinas Ansatz zum Klimaschutz. Durch diese Initiative fördert China Infrastrukturprojekte in verschiedenen Ländern und legt zunehmend Wert auf nachhaltige Praktiken. Im Rahmen der BRI hat China sich verpflichtet, umweltfreundliche Projekte zu unterstützen und den Einsatz fossiler Brennstoffe in den Partnerländern zu reduzieren. Dies zeigt, dass China nicht nur seine eigenen Emissionen senken möchte, sondern auch bereit ist, Verantwortung auf globaler Ebene zu übernehmen.

Trotz dieser Fortschritte sieht sich China jedoch erheblichen Herausforderungen im Klimaschutz gegenüber. Die Abhängigkeit von Kohle als primäre Energiequelle bleibt ein großes Hindernis. Trotz der Fortschritte im Bereich erneuerbare Energien erzeugte China im Jahr 2022 immer noch etwa 56 Prozent seines Stroms aus Kohlekraftwerken (National Energy Administration, 2022). Diese Abhängigkeit könnte die Erreichung der Klimaziele gefährden, insbesondere wenn das Wirtschaftswachstum weiterhin auf fossilen Brennstoffen basiert.

Ein weiterer wichtiger Aspekt, der Chinas Rolle im Klimaschutz prägt, ist die soziale Dimension. Die chinesische Regierung hat erkannt, dass die Bekämpfung des Klimawandels eng mit der Verbesserung der Lebensqualität der Bevölkerung verbunden ist. Maßnahmen zur Reduzierung der Luftverschmutzung und zur Förderung einer sauberen Umwelt sind nicht nur umweltpolitische Ziele, sondern auch soziale Imperative. Laut einer Studie der Weltgesundheitsorganisation (WHO) sterben jährlich etwa 1,2 Millionen Menschen in China an den Folgen von Luftverschmutzung (WHO, 2021). Daher ist die Bekämpfung der Umweltverschmutzung auch eine Frage der öffentlichen Gesundheit und des sozialen Wohlergehens.

Zusammenfassend lässt sich sagen, dass Chinas Rolle im Klimaschutz durch eine Kombination aus ambitionierten Zielen, strategischen Initiativen und der Notwendigkeit geprägt ist, wirtschaftliches Wachstum mit ökologischer Nachhaltigkeit in Einklang zu bringen. Während das Land bedeutende Fortschritte bei der Förderung erneuerbarer Energien und der Reduzierung von Emissionen erzielt hat, bleibt die Herausforderung, die Abhängigkeit von Kohle zu verringern und gleichzeitig die Lebensqualität der Bevölkerung zu verbessern. Die kommenden Jahre werden entscheidend sein, um zu beobachten, wie China seine Klimaziele umsetzt und welche Rolle es dabei auf der globalen Bühne spielen wird.

12
Vergleich mit anderen aufstrebenden Volkswirtschaften

12.1 Brasilien und Indien im Fokus

In der heutigen globalisierten Welt stehen Brasilien und Indien als bedeutende aufstrebende Volkswirtschaften im Mittelpunkt des internationalen Interesses. Beide Länder haben in den letzten Jahrzehnten bemerkenswerte Fortschritte erzielt und streben danach, ihre Position als globale Supermächte zu festigen. Diese Entwicklungen sind nicht nur für die beiden Nationen von Bedeutung, sondern haben auch weitreichende Auswirkungen auf die geopolitische Landschaft und die internationale Wirtschaft.

Brasilien, das größte Land in Südamerika, hat sich als eine der führenden Volkswirtschaften der Region etabliert. Mit über 213 Millionen Einwohnern und einem BIP von etwa 2,05 Billionen US-Dollar (2023) spielt Brasilien eine zentrale Rolle auf dem globalen Markt. Die brasilianische Wirtschaft ist vielfältig und umfasst wichtige Sektoren wie Landwirtschaft, Bergbau, Industrie und Dienstleistungen. Besonders die Agrarwirtschaft ist von großer Bedeutung, da Brasilien einer der größten Exporteure von Soja, Zucker und Rindfleisch weltweit ist. Diese Stellung ermöglicht es Brasilien, Einfluss auf die globalen Nahrungsmittelpreise auszuüben und seine wirtschaftliche Macht auszubauen.

Indien hingegen, mit einer Bevölkerung von über 1,4 Milliarden Menschen, ist die am schnellsten wachsende große Volkswirtschaft der Welt. Im Jahr 2023 betrug das BIP Indiens etwa 3,73 Billionen US-Dollar, was es zur fünftgrößten Volkswirtschaft macht. Die indische Wirtschaft zeichnet sich durch einen dynamischen Dienstleistungssektor aus, der etwa 55 Prozent des BIP ausmacht, sowie durch eine wachsende Fertigungsindustrie. Indien hat sich zudem als Zentrum für Technologie und Innovation etabliert, mit einer florierenden Start-up-Szene, die international Anerkennung findet. Diese Entwicklungen tragen dazu bei, dass Indien zunehmend als strategischer Partner in internationalen Handels- und Investitionsbeziehungen wahrgenommen wird.

Dennoch stehen beide Länder vor erheblichen Herausforderungen, die ihre Ambitionen, globale Supermächte zu werden, gefährden könnten. Brasilien sieht sich politischen Instabilitäten, Korruption und sozialen Ungleichheiten gegenüber, die das Vertrauen in die Regierung und die wirtschaftliche Stabilität untergraben. Zudem hat die Umweltproblematik, insbesondere die Abholzung des Amazonas-Regenwaldes, internationale Besorgnis ausgelöst und könnte die Handelsbeziehungen beeinträchtigen. Die internationale Gemeinschaft hat Brasilien unter Druck gesetzt, nachhaltigere Praktiken zu übernehmen, um den ökologischen Fußabdruck zu reduzieren.

Indien kämpft seinerseits mit Herausforderungen wie Armut, unzureichender Infrastruktur und einem komplexen Bildungssystem, das nicht alle Bevölkerungsschichten erreicht. Trotz dieser Hürden hat Indien das Potenzial, seine wirtschaftliche Entwicklung durch gezielte Investitionen in Infrastruktur und Bildung zu beschleunigen. Die indische Regierung hat Initiativen gestartet, um die digitale Kluft zu überwinden und den Zugang zu Bildung und Gesundheitsversorgung zu verbessern. Diese Maßnahmen sind entscheidend, um das Wachstumspotenzial des Landes zu maximieren und die Lebensqualität der Bevölkerung zu steigern.

Die geopolitische Relevanz von Brasilien und Indien wird durch ihre Mitgliedschaft in wichtigen internationalen Organisationen wie den BRICS-Staaten (Brasilien, Russland, Indien, China und Südafrika) unterstrichen. Diese Gruppe hat sich zum Ziel gesetzt, die wirtschaftliche Zusammenarbeit und den politischen Dialog zwischen den Mitgliedsländern zu fördern und eine multipolare Weltordnung zu unterstützen. Durch die Stärkung ihrer Zusammenarbeit können Brasilien und Indien ihre Stimme in globalen Angelegenheiten erheben und ihre Interessen effektiver vertreten.

In diesem Kapitel werden wir die spezifischen Strategien und Politiken untersuchen, die Brasilien und Indien verfolgen, um ihre Positionen auf der globalen Bühne zu stärken. Wir werden die Unterschiede in ihren Ansätzen zur wirtschaftlichen Entwicklung, den Herausforderungen, denen sie gegenüberstehen, und den Lehren, die aus ihrem internationalen Wettbewerb gezogen werden können, analysieren. Diese vergleichende Analyse wird nicht nur die einzigartigen Merkmale jeder Volkswirtschaft beleuchten, sondern auch aufzeigen, wie sie sich in einem zunehmend komplexen globalen Umfeld behaupten wollen.

Der Aufstieg Chinas zur globalen Supermacht hat die Dynamik in der internationalen Politik und Wirtschaft verändert. Brasilien und Indien sind gefordert, ihre Strategien anzupassen, um im Wettbewerb um Einfluss und Ressourcen nicht ins Hintertreffen zu geraten. Die nächsten Abschnitte dieses Kapitels werden sich eingehender mit den spezifischen politischen Maßnahmen und wirtschaftlichen Strategien befassen, die diese beiden Länder verfolgen, um ihre Ambitionen zu verwirklichen und ihre Rolle in der internationalen Gemeinschaft zu festigen.

12.2 Unterschiede in der Entwicklungspolitik

Die Entwicklungspolitik von China, Brasilien und Indien weist markante Unterschiede auf, die durch ihre jeweiligen historischen Kontexte, wirtschaftlichen Strategien und politischen Prioritäten geprägt sind. Während China auf eine zentralisierte Planung und staatliche Kontrolle setzt, verfolgen Brasilien und Indien einen dezentraleren Ansatz, der Marktmechanismen und private Initiativen fördert. Diese Differenzen sind nicht nur für die einzelnen Länder von Bedeutung, sondern haben auch weitreichende Auswirkungen auf die internationale Politik und die globalen Märkte.

Seit den Reformen von Deng Xiaoping in den 1980er Jahren verfolgt China eine aggressive Entwicklungspolitik, die auf schnelles Wirtschaftswachstum und technologische Innovation abzielt. Ein Bericht der Weltbank aus dem Jahr 2023 dokumentiert, dass China in den letzten zwei Jahrzehnten über 30 Billionen US-Dollar in Infrastrukturprojekte investiert hat, um seine wirtschaftliche Basis zu stärken und seine Rolle als globale Supermacht auszubauen. Diese Investitionen sind häufig Teil der Belt and Road Initiative, die darauf abzielt, Handelsrouten zu erweitern und strategische Partnerschaften zu fördern.

Im Gegensatz dazu hat Brasilien, das mit einer Vielzahl sozialer und wirtschaftlicher Herausforderungen konfrontiert ist, einen Ansatz gewählt, der stärker auf soziale Programme und Umverteilung fokussiert ist. Die brasilianische Regierung hat in den letzten Jahren versucht, durch Programme wie Bolsa Família die Armut zu bekämpfen und die soziale Ungleichheit zu verringern. Laut einer Studie des Instituto Brasileiro de Geografia e Estatística (IBGE) aus dem Jahr 2024 hat Brasilien jedoch Schwierigkeiten, nachhaltiges Wachstum zu erzielen, was teilweise auf politische Instabilität und Korruption zurückzuführen ist.

Indien verfolgt hingegen eine hybride Strategie, die sowohl staatliche Interventionen als auch marktorientierte Ansätze umfasst. In den letzten Jahren hat das Land erhebliche Fortschritte in der Digitalisierung und im Technologiebereich gemacht, unterstützt durch Initiativen wie "Digital India". Laut einer Erhebung von NASSCOM aus dem Jahr 2023 wird erwartet, dass der indische IT-Sektor bis 2025 ein Volumen von 350 Milliarden US-Dollar erreichen wird. Dennoch sieht sich Indien Herausforderungen wie unzureichender Infrastruktur und hoher Arbeitslosigkeit gegenüber, die die Umsetzung seiner Entwicklungspolitik erschweren.

Ein weiterer wichtiger Aspekt der Unterschiede in der Entwicklungspolitik ist die Rolle der internationalen Zusammenarbeit. China hat sich aktiv in multilaterale Institutionen eingebracht und versucht, seinen Einfluss durch Investitionen in Entwicklungsländer zu erhöhen. Im Jahr 2023 gab China an, dass es über 60 Länder im Rahmen der Belt and Road Initiative unterstützt hat, was seine Ambitionen unterstreicht, als führende Macht in der globalen Entwicklungsfinanzierung aufzutreten.

Brasilien und Indien hingegen konzentrieren sich stärker auf regionale Kooperationen. Brasilien ist Mitglied der BRICS-Staaten und strebt eine Führungsrolle in Lateinamerika an, während Indien seine Beziehungen zu Nachbarländern in Südasien stärkt. Diese regionalen Ansätze spiegeln sich auch in den Handelsabkommen wider, die beide Länder abgeschlossen haben, um ihre wirtschaftlichen Interessen zu fördern und ihren politischen Einfluss auszubauen.

Die Unterschiede in der Entwicklungspolitik dieser drei Länder sind auch durch unterschiedliche gesellschaftliche Strukturen und politische Systeme bedingt. In China dominiert ein autoritäres Regime, das schnelle Entscheidungen und umfassende Reformen ermöglicht. In Brasilien und Indien hingegen sind die politischen Systeme demokratischer Natur, was oft zu langwierigen Entscheidungsprozessen führt. Diese Unterschiede können die Fähigkeit der Länder beeinflussen, schnell auf globale Herausforderungen wie den Klimawandel oder die COVID-19-Pandemie zu reagieren.

Zusammenfassend lässt sich sagen, dass die Entwicklungspolitik Chinas, Brasiliens und Indiens durch verschiedene Ansätze und Strategien geprägt ist, die nicht nur die interne Dynamik dieser Länder beeinflussen, sondern auch deren Rolle in der internationalen Politik. Während China seine Position als globale Supermacht weiter festigen möchte, stehen Brasilien und Indien vor der Herausforderung, ihre eigenen Entwicklungsziele in einem zunehmend komplexen globalen Umfeld zu erreichen. Im nächsten Abschnitt werden wir die Lehren aus dem internationalen Wettbewerb betrachten und analysieren, wie diese Länder voneinander lernen können, um ihre jeweiligen Herausforderungen besser zu bewältigen.

13
Chinas Zukunftsvision

13.2 Technologische Selbstständigkeit

In Chinas Zukunftsvision nimmt die technologische Selbstständigkeit eine Schlüsselrolle ein. Die vorhergehenden Kapitel haben bereits die Bedeutung von Innovation und Digitalisierung für den wirtschaftlichen Aufstieg des Landes betont. Diese Faktoren sind nicht nur wesentliche Wachstumstreiber, sondern auch entscheidend für die Stärkung der nationalen Souveränität im Technologiebereich. Angesichts geopolitischer Spannungen und der Abhängigkeit von ausländischen Technologien hat China erkannt, dass technologische Unabhängigkeit unerlässlich ist, um seine Position als globale Supermacht zu festigen.

Die Strategie zur Förderung der technologischen Selbstständigkeit umfasst mehrere Dimensionen. Zunächst investiert China erheblich in Forschung und Entwicklung (FuE). Laut dem Nationalen Statistikamt beliefen sich die FuE-Ausgaben im Jahr 2022 auf über 2,8 Billionen Yuan (ca. 430 Milliarden USD), was einem Anstieg von 10,6 % im Vergleich zum Vorjahr entspricht. Diese Investitionen zielen darauf ab, innovative Technologien zu entwickeln, die das Land von ausländischen Lieferketten unabhängig machen. Besonders in Schlüsselbereichen wie Künstlicher Intelligenz, Halbleitertechnologie und Biotechnologie wird ein verstärkter Fokus auf nationale Entwicklungen gelegt.

Ein Beispiel für diese Bemühungen ist das Programm "Made in China 2025", das die Modernisierung der Produktion in zehn strategischen Industrien zum Ziel hat. Diese Initiative umfasst Bereiche wie Robotik, Luft- und Raumfahrt sowie erneuerbare Energien. Die chinesische Regierung hat klare Ziele formuliert, um die Abhängigkeit von Importen in diesen Sektoren bis 2025 erheblich zu reduzieren. Ein Bericht der Internationalen Handelskammer aus dem Jahr 2023 zeigt, dass China in den letzten Jahren seine Produktionskapazitäten in der Halbleiterindustrie verdoppelt hat, um die eigene Versorgung zu sichern und technologische Führerschaft zu erlangen.

Darüber hinaus spielt die Förderung von Start-ups und Innovationszentren eine entscheidende Rolle in Chinas Strategie zur technologischen Selbstständigkeit. Die Regierung unterstützt zahlreiche Initiativen, die darauf abzielen, ein unternehmerisches Ökosystem zu schaffen, das Innovationen fördert. Im Jahr 2023 wurden über 1.000 neue Innovationszentren in verschiedenen Städten gegründet, die jungen Unternehmen Zugang zu Kapital, Ressourcen und Fachwissen bieten. Diese Zentren sind nicht nur Brutstätten für neue Ideen, sondern auch wichtige Akteure in der Entwicklung neuer Technologien, die auf dem internationalen Markt wettbewerbsfähig sind.

Ein weiterer Aspekt der technologischen Selbstständigkeit ist die Bildung. China hat erkannt, dass die Ausbildung von Fachkräften in den Bereichen Wissenschaft, Technologie, Ingenieurwesen und Mathematik (STEM) entscheidend ist, um die Innovationskraft des Landes zu stärken. Im Jahr 2024 wurden über 50 % der Universitätsabschlüsse in diesen Bereichen vergeben, was die Bemühungen der Regierung widerspiegelt, eine qualifizierte Arbeitskraft zu schaffen, die in der Lage ist, die Herausforderungen der Zukunft zu meistern. Die Integration praktischer Erfahrungen in die Ausbildung ist ebenfalls ein Schwerpunkt, um sicherzustellen, dass Absolventen über die notwendigen Fähigkeiten verfügen, um in der schnelllebigen Technologiewelt erfolgreich zu sein.

Die technologische Selbstständigkeit Chinas ist jedoch nicht ohne Herausforderungen. Die Abhängigkeit von ausländischen Technologien hat in der Vergangenheit zu Spannungen mit anderen Ländern geführt, insbesondere mit den USA. Handelskonflikte und Exportbeschränkungen haben Chinas Unternehmen gezwungen, alternative Lösungen zu finden und eigene Technologien zu entwickeln. Ein Bericht des Pew Research Centers aus dem Jahr 2023 zeigt, dass 72 % der chinesischen Unternehmen angeben, aufgrund geopolitischer Spannungen ihre Innovationsstrategien anpassen zu müssen.

Insgesamt ist die technologische Selbstständigkeit ein Schlüsselfaktor für Chinas zukünftige Entwicklung. Die Kombination aus staatlicher Unterstützung, Investitionen in Forschung und Entwicklung sowie der Förderung von Bildung und Unternehmertum wird entscheidend sein, um die angestrebte Unabhängigkeit im Technologiebereich zu erreichen. Die nächsten Schritte in dieser Strategie werden nicht nur die nationale Sicherheit stärken, sondern auch Chinas Rolle als globalen Innovationsführer festigen.

Im nächsten Abschnitt werden wir uns mit den globalen Führungsansprüchen Chinas befassen und untersuchen, wie das Land seine technologische Unabhängigkeit nutzen kann, um seinen Einfluss auf der internationalen Bühne weiter auszubauen.

14
Interdisziplinärer Ansatz der Analyse

14.1 Verknüpfung von Ökonomie und Gesellschaft

Die Beziehung zwischen Ökonomie und Gesellschaft bildet einen wesentlichen Bestandteil des interdisziplinären Ansatzes, den dieses Buch verfolgt. In einer Zeit, in der China seine Position als globale Supermacht festigen möchte, ist es entscheidend, die Wechselwirkungen zwischen wirtschaftlichen Entwicklungen und gesellschaftlichen Veränderungen zu analysieren. Diese Verbindung beeinflusst nicht nur die interne Dynamik Chinas, sondern hat auch weitreichende Auswirkungen auf die internationale Politik und die globale Ordnung.

Der wirtschaftliche Aufstieg Chinas seit den 1980er Jahren ist eng mit tiefgreifenden sozialen Veränderungen verknüpft. Die Öffnungspolitik unter Deng Xiaoping führte zu einem außergewöhnlichen Wirtschaftswachstum, das Millionen von Menschen aus der Armut befreite und eine neue Mittelschicht entstehen ließ. Laut einer Studie der Weltbank aus dem Jahr 2023 lebten über 800 Millionen Menschen in China in den letzten vier Jahrzehnten in verbesserter wirtschaftlicher Lage. Dieses Wachstum hat nicht nur den Lebensstandard angehoben, sondern auch das gesellschaftliche Gefüge verändert. Bildung, Mobilität und der Zugang zu Ressourcen sind für viele Chinesen heute greifbarer als je zuvor.

Ein weiterer zentraler Aspekt ist die Rolle der Technologie in dieser Verknüpfung. Die Digitalisierung hat nicht nur die Wirtschaft transformiert, sondern auch die Art und Weise, wie Menschen miteinander interagieren und kommunizieren. Statistiken zeigen, dass im Jahr 2024 über 1 Milliarde Menschen in China regelmäßig das Internet nutzen, was die Grundlage für neue Geschäftsmodelle und soziale Netzwerke bildet. Diese digitale Revolution hat das Potenzial, gesellschaftliche Strukturen zu verändern, indem sie beispielsweise den Zugang zu Informationen und Bildungsmöglichkeiten erleichtert.

Die Belt and Road Initiative (BRI) illustriert ebenfalls die Verknüpfung von Ökonomie und Gesellschaft. Durch den Ausbau von Infrastrukturprojekten in verschiedenen Ländern strebt China nicht nur wirtschaftliche Vorteile an, sondern auch eine Stärkung seiner geopolitischen Position. Laut dem Bericht des China Development Research Center von 2023 hat die BRI bereits über 60 Länder erreicht und fördert den Austausch von Gütern, Dienstleistungen und Kulturen. Dies verdeutlicht, wie wirtschaftliche Initiativen auch gesellschaftliche

Dennoch sind die Herausforderungen, die sich aus dieser Verknüpfung ergeben, nicht zu unterschätzen. Während das Wirtschaftswachstum zahlreiche Vorteile mit sich bringt, führt es auch zu sozialen Spannungen und Ungleichheiten. Eine Studie des Pew Research Centers aus dem Jahr 2024 stellte fest, dass trotz des allgemeinen Wohlstands in städtischen Gebieten ländliche Regionen oft zurückbleiben. Diese Ungleichheit kann zu sozialen Unruhen führen und die Stabilität des Landes gefährden. Daher ist es entscheidend, dass China Strategien entwickelt, um diese Ungleichheiten zu adressieren und eine inklusive Gesellschaft zu fördern.

In diesem Kapitel werden wir die verschiedenen Dimensionen der Verknüpfung von Ökonomie und Gesellschaft in China eingehender untersuchen. Wir werden die politischen Strategien analysieren, die darauf abzielen, wirtschaftliches Wachstum mit sozialen Fortschritten zu verbinden. Zudem betrachten wir die kulturellen Werte, die diese Entwicklungen prägen und beeinflussen. Es ist wichtig zu erkennen, dass die ökonomischen Erfolge Chinas nicht isoliert betrachtet werden können; sie sind Teil eines komplexen Gefüges, das auch gesellschaftliche und kulturelle Aspekte umfasst.

Zusammenfassend lässt sich sagen, dass die Verknüpfung von Ökonomie und Gesellschaft nicht nur für China von Bedeutung ist, sondern auch für die internationale Gemeinschaft. Die Art und Weise, wie China seine wirtschaftlichen Interessen verfolgt und gleichzeitig gesellschaftliche Herausforderungen angeht, wird erheblichen Einfluss auf die globale Ordnung haben. Im nächsten Abschnitt werden wir uns eingehender mit den politischen Strategien befassen, die China verfolgt, um seine Rolle als globale Supermacht zu festigen und seine Einflussnahme auf die internationale Politik zu erhöhen.

14.2 Politische Strategien im Wandel

Angesichts der zunehmenden globalen geopolitischen Spannungen und wirtschaftlichen Herausforderungen ist es für China unerlässlich, seine politischen Strategien fortlaufend zu überdenken und anzupassen. Diese Flexibilität zeugt nicht nur von Resilienz, sondern stellt auch einen strategischen Schritt dar, um Chinas Position als globale Supermacht zu festigen und seinen Einfluss auf die internationale Politik auszubauen. Der interdisziplinäre Ansatz dieses Buches verdeutlicht, wie ökonomische, gesellschaftliche und kulturelle Faktoren miteinander verwoben sind und wie sie die politischen Strategien Chinas prägen.

Ein zentrales Element dieser politischen Strategien ist die 2013 ins Leben gerufene Belt and Road Initiative (BRI). Diese Initiative verfolgt das Ziel, durch den Ausbau von Infrastrukturprojekten in Asien, Europa und Afrika Chinas wirtschaftliche Reichweite zu erweitern und strategische Partnerschaften zu etablieren. Laut einer Studie des Brookings Institute (2023) haben mittlerweile über 140 Länder Kooperationsabkommen im Rahmen der BRI unterzeichnet. Dies verdeutlicht, wie China aktiv versucht, seine geopolitische Position zu stärken und gleichzeitig wirtschaftliche Abhängigkeiten zu schaffen, die ihm ermöglichen, Einfluss auf die politischen Entscheidungen dieser Länder auszuüben.

Die Anpassung der politischen Strategien Chinas beschränkt sich jedoch nicht nur auf wirtschaftliche Expansion. Die Regierung hat ihre diplomatischen Bemühungen intensiviert, um multilaterale Beziehungen zu fördern und sich als führende Stimme in internationalen Organisationen zu positionieren. Ein Beispiel hierfür ist Chinas verstärkter Einfluss in den Vereinten Nationen, wo das Land seit 1971 einen ständigen Sitz im Sicherheitsrat innehat. Im Jahr 2023 hat China seine Beiträge zu UN-Friedensmissionen erhöht und sich aktiv an der Lösung globaler Herausforderungen wie dem Klimawandel beteiligt, was seine Bereitschaft zeigt, Verantwortung auf internationaler Ebene zu übernehmen.

Ein weiterer Aspekt der sich wandelnden politischen Strategien ist die Reaktion auf die zunehmenden Spannungen mit den USA. Die Handelsbeziehungen zwischen China und den USA sind in den letzten Jahren durch Zölle und Handelsbeschränkungen belastet worden. In diesem Kontext hat China begonnen, alternative Märkte zu erschließen und seine Handelsbeziehungen zu Ländern in Afrika, Lateinamerika und Asien zu diversifizieren. Laut einem Bericht des Internationalen Währungsfonds (2023) hat China seine Exporte nach Afrika um 30 % gesteigert, was nicht nur wirtschaftliche Vorteile bringt, sondern auch politische Allianzen stärkt.

Die Veränderungen in Chinas politischen Strategien spiegeln sich auch in der Innenpolitik wider. Die chinesische Regierung hat erkannt, dass soziale Stabilität und wirtschaftlicher Wohlstand eng miteinander verbunden sind. Um soziale Unruhen zu vermeiden, investiert die Regierung in Programme zur Armutsbekämpfung und zur Verbesserung des Lebensstandards. Laut einer Studie der Weltbank (2023) hat China seit 2012 mehr als 800 Millionen Menschen aus der Armut befreit, was nicht nur eine humanitäre Errungenschaft darstellt, sondern auch zur politischen Stabilität beiträgt.

Zusammenfassend lässt sich festhalten, dass die politischen Strategien Chinas einem ständigen Wandel unterliegen, der sowohl durch interne als auch externe Faktoren beeinflusst wird. Die Fähigkeit, sich an veränderte geopolitische Gegebenheiten anzupassen, ist entscheidend für Chinas Bestreben, seine Rolle als globale Supermacht zu festigen. In den kommenden Abschnitten werden wir uns eingehender mit den kulturellen Werten befassen, die diese politischen Strategien untermauern, und untersuchen, wie sie die internationale Wahrnehmung Chinas beeinflussen. Welche Rolle spielen kulturelle Werte in der Formulierung von Chinas Außenpolitik? Diese Fragen werden im nächsten Abschnitt behandelt.

15
Chinas Soft Power

15.1 Kulturelle Diplomatie und Medien

In einer Zeit, in der geopolitische Spannungen und wirtschaftliche Herausforderungen die internationale Arena dominieren, hat China kulturelle Diplomatie und Medienstrategien als zentrale Elemente seiner Soft Power etabliert. Diese Strategien zielen nicht nur darauf ab, das nationale Image zu fördern, sondern auch Chinas Einfluss auf die internationale Politik zu verstärken. Kulturelle Diplomatie umfasst eine Vielzahl von Aktivitäten, die darauf abzielen, durch den Austausch von Ideen, Werten und Traditionen Brücken zwischen Nationen zu bauen. In diesem Zusammenhang spielt die Medienlandschaft eine entscheidende Rolle, indem sie Informationen verbreitet und Narrative formt, die Chinas Perspektiven und Interessen unterstützen.

Die Bedeutung der kulturellen Diplomatie für China ist unübersehbar. Ein Bericht des chinesischen Ministeriums für Kultur und Tourismus aus dem Jahr 2023 hebt hervor, dass China in den letzten Jahren beträchtliche Investitionen in kulturelle Austauschprogramme getätigt hat. Diese Programme sollen das Verständnis für die chinesische Kultur im Ausland fördern und gleichzeitig die eigene kulturelle Identität stärken. Durch Initiativen wie das Konfuzius-Institut, das weltweit Bildungseinrichtungen unterstützt, um die chinesische Sprache und Kultur zu lehren, strebt China an, seine kulturelle Reichweite zu erweitern und positive Assoziationen mit seiner Nation zu schaffen.

Ein weiterer wesentlicher Aspekt der kulturellen Diplomatie ist die Nutzung von Medien. Chinesische Staatsmedien wie die China Global Television Network (CGTN) und die Nachrichtenagentur Xinhua haben ihre internationale Präsenz in den letzten Jahren erheblich ausgebaut. Diese Plattformen bieten nicht nur Nachrichten aus einer chinesischen Perspektive, sondern versuchen auch, globale Narrative zu beeinflussen. Ein Beispiel hierfür ist die Berichterstattung über die Belt and Road Initiative, die häufig als ein Projekt dargestellt wird, das sowohl wirtschaftliche Vorteile für China als auch für die Partnerländer mit sich bringt. Diese mediale Strategie zielt darauf ab, das Bild Chinas als verantwortungsbewussten globalen Akteur zu festigen.

Die Rolle der sozialen Medien darf ebenfalls nicht unterschätzt werden. Plattformen wie Weibo und Douyin (TikTok) ermöglichen es China, direkt mit einem globalen Publikum zu kommunizieren. Diese Kanäle sind nicht nur für die Verbreitung von Informationen von Bedeutung, sondern auch für die Schaffung eines positiven Images. Eine Studie der Universität Peking aus dem Jahr 2024 zeigt, dass chinesische Nutzer sozialer Medien zunehmend Inhalte erstellen, die die kulturelle Vielfalt und die Errungenschaften Chinas hervorheben. Dies geschieht in einem Kontext, in dem die Kontrolle über Narrative und die Wahrnehmung im Ausland von entscheidender Bedeutung ist.

Die Kombination aus kultureller Diplomatie und Medienstrategien verdeutlicht, wie China seine Soft Power strategisch einsetzt, um seine globale Position zu stärken. Laut einer Umfrage des Pew Research Centers aus dem Jahr 2023 glauben 70 % der Befragten in Entwicklungsländern, dass Chinas Einfluss in ihren Ländern positiv ist. Dies deutet darauf hin, dass die Bemühungen um kulturelle Diplomatie und Medienarbeit Wirkung zeigen. Dennoch stehen diese Bestrebungen vor Herausforderungen. Kritiker argumentieren, dass die staatliche Kontrolle über die Medien und die Zensur von Informationen die Glaubwürdigkeit der chinesischen Berichterstattung untergraben können. Diese Spannungen werfen Fragen auf, wie effektiv Chinas Soft Power tatsächlich ist und ob sie langfristig Bestand haben kann.

Im weiteren Verlauf dieses Kapitels werden wir die verschiedenen Facetten der kulturellen Diplomatie und deren Auswirkungen auf Chinas internationale Beziehungen näher beleuchten. Dabei werden wir auch die Rolle des Bildungsaustauschs und die spezifischen Strategien untersuchen, die China in Regionen wie Afrika und Asien verfolgt. Diese Analysen werden dazu beitragen, ein umfassenderes Bild davon zu erhalten, wie China seine Soft Power nutzt, um seine geopolitischen Ziele zu erreichen und seine Stellung als globale Supermacht zu festigen. Die kommenden Abschnitte werden die Dynamik dieser Strategien vertiefen und die Herausforderungen beleuchten, denen China auf diesem Weg begegnen könnte.

15.2 Bildungsaustausch und Stipendien

Im Rahmen von Chinas wachsender Soft Power nimmt der Bildungsaustausch eine zentrale Stellung ein. Während das Land seine wirtschaftlichen und politischen Ambitionen ausweitet, wird Bildung zu einem entscheidenden Instrument, um internationale Beziehungen zu stärken und den globalen Einfluss zu erweitern. Durch Stipendienprogramme und Austauschinitiativen zielt China darauf ab, nicht nur seine kulturellen Werte zu verbreiten, sondern auch Talente aus aller Welt anzuziehen, die zur Förderung seiner nationalen Interessen beitragen können.

In den letzten Jahren hat die chinesische Regierung erhebliche Investitionen in den Bildungsaustausch getätigt. Laut dem Bericht des Ministeriums für Bildung der Volksrepublik China aus dem Jahr 2023 haben im Jahr 2022 mehr als 600.000 internationale Studierende in China studiert, was einen Anstieg von 5% im Vergleich zum Vorjahr darstellt. Diese Studierenden stammen aus über 200 Ländern und Regionen, was die globale Reichweite und Anziehungskraft des chinesischen Bildungssystems verdeutlicht. Die Regierung verfolgt das Ziel, bis 2025 die Zahl der internationalen Studierenden auf eine Million zu erhöhen, um ihre Position als führendes Bildungszentrum weiter zu festigen.

Ein zentrales Element dieser Strategie sind die Stipendienprogramme, die internationalen Studierenden das Studium in China ermöglichen. Diese Programme bieten nicht nur finanzielle Unterstützung, sondern auch umfassende Hilfestellungen, darunter Sprachkurse und kulturelle Austauschprogramme. Beispielsweise vergibt die chinesische Regierung jährlich Tausende von Stipendien über das China Scholarship Council (CSC), um talentierte Studierende aus Entwicklungsländern zu fördern. Im Jahr 2023 wurden über 30.000 Stipendien vergeben, die es den Empfängern ermöglichten, an renommierten Universitäten wie Peking und Tsinghua zu studieren.

Diese Initiativen sind Teil eines umfassenderen Plans, Chinas Einfluss auf die internationale Bildungspolitik auszubauen. Der Bildungsaustausch fördert nicht nur das Verständnis zwischen Kulturen, sondern schafft auch Netzwerke zukünftiger Führungspersönlichkeiten, die in ihren Heimatländern als Botschafter chinesischer Werte fungieren können. Eine Studie des Pew Research Centers aus dem Jahr 2023 zeigt, dass 75% der internationalen Studierenden, die in China studieren, eine positive Einstellung gegenüber dem Land entwickeln, was die Wirksamkeit dieser Programme unterstreicht.

Darüber hinaus dient der Bildungsaustausch als strategisches Mittel zur Förderung technologischer und wissenschaftlicher Kooperationen. Chinesische Universitäten haben Partnerschaften mit zahlreichen ausländischen Institutionen etabliert, um gemeinsame Forschungsprojekte zu initiieren. Diese Kooperationen sind besonders in Bereichen wie Künstliche Intelligenz, erneuerbare Energien und Biotechnologie von Bedeutung. Laut einer Untersuchung der UNESCO aus dem Jahr 2023 haben über 60% der chinesischen Universitäten internationale Forschungsprojekte durchgeführt, die durch den Austausch von Studierenden und Wissenschaftlern gefördert wurden.

Ein weiterer Aspekt des Bildungsaustauschs ist die Förderung der chinesischen Sprache und Kultur im Ausland. Die Konfuzius-Institute, die weltweit über 500 Standorte betreiben, bieten Sprachkurse und kulturelle Veranstaltungen an, um das Interesse an China zu steigern. Diese Institute spielen eine wesentliche Rolle bei der Verbreitung der chinesischen Sprache und Kultur und tragen dazu bei, das Verständnis für Chinas Geschichte und Traditionen zu vertiefen. Im Jahr 2023 berichtete das Konfuzius-Institut, dass über 1,5 Millionen Menschen weltweit an seinen Programmen teilgenommen haben, was die wachsende Beliebtheit der chinesischen Sprache belegt.

Die Bedeutung des Bildungsaustauschs und der Stipendienprogramme für Chinas Soft Power ist nicht zu unterschätzen. Sie sind nicht nur ein Mittel zur Stärkung internationaler Beziehungen, sondern auch ein Weg, um Chinas globale Präsenz zu festigen. Indem das Land seine Bildungsressourcen und -möglichkeiten öffnet, positioniert es sich als attraktiver Partner in der globalen Bildungslandschaft.

Zusammenfassend lässt sich sagen, dass der Bildungsaustausch und die Stipendienprogramme einen wesentlichen Bestandteil von Chinas Strategie zur Erhöhung seiner Soft Power darstellen. Diese Initiativen fördern nicht nur den interkulturellen Dialog, sondern tragen auch zur Schaffung eines positiven Bildes Chinas in der Welt bei. Im nächsten Abschnitt werden wir uns mit Chinas Einfluss in Afrika und Asien befassen und untersuchen, wie Bildungsaustauschprogramme in diesen Regionen implementiert werden und welche Auswirkungen sie auf die geopolitischen Beziehungen haben.

17
Die Herausforderungen der Urbanisierung

17.1 Wachstum der Megastädte

In den letzten Jahrzehnten hat China einen bemerkenswerten urbanen Wandel durchlebt, der das Wachstum von Megastädten in einem Ausmaß vorangetrieben hat, das weltweit einzigartig ist. Diese Entwicklung ist nicht nur ein Indikator für wirtschaftlichen Fortschritt, sondern auch eine der größten Herausforderungen, mit denen das Land konfrontiert ist. Städte wie Peking, Shanghai und Guangzhou haben sich zu bedeutenden Zentren für Handel, Innovation und Kultur entwickelt, während sie gleichzeitig mit den Schwierigkeiten der Urbanisierung kämpfen. Das Wachstum dieser Megastädte ist eng verknüpft mit Chinas Bestrebungen, seine Rolle als globale Supermacht zu festigen und seinen Einfluss auf die internationale Politik auszubauen.

Die Urbanisierung in China ist ein vielschichtiges Phänomen, das durch verschiedene Faktoren beeinflusst wird. Die Öffnung der chinesischen Wirtschaft in den 1980er Jahren hat Millionen von Menschen aus ländlichen Regionen in die Städte gezogen, auf der Suche nach besseren Lebensbedingungen und Arbeitsmöglichkeiten. Laut einer Studie der Weltbank aus dem Jahr 2023 leben mittlerweile über 60 Prozent der chinesischen Bevölkerung in städtischen Gebieten, was im Vergleich zu weniger als 20 Prozent in den 1980er Jahren einen dramatischen Anstieg darstellt. Diese Migrationsbewegung hat nicht nur die Demografie des Landes verändert, sondern auch die wirtschaftliche Landschaft neu gestaltet.

Das Wachstum der Megastädte bringt jedoch erhebliche Herausforderungen mit sich. In vielen dieser urbanen Zentren ist die Infrastruktur oft überlastet, was zu Verkehrsstaus, Luftverschmutzung und unzureichender öffentlicher Versorgung führt. Ein Bericht des chinesischen Ministeriums für Wohnungsbau und Stadtentwicklung aus dem Jahr 2024 zeigt, dass die Luftqualität in Städten wie Peking und Shanghai häufig die von der Weltgesundheitsorganisation empfohlenen Grenzwerte überschreitet. Diese Umweltprobleme beeinträchtigen nicht nur die Lebensqualität der Bürger, sondern stellen auch eine ernsthafte Bedrohung für die öffentliche Gesundheit dar.

Ein weiterer Aspekt des Wachstums der Megastädte ist die zunehmende soziale Ungleichheit. Während einige Stadtteile florieren und hohe Lebensstandards bieten, kämpfen andere mit Armut und sozialer Isolation. Die Kluft zwischen Arm und Reich wird durch die ungleiche Verteilung von Ressourcen und Chancen weiter vertieft. Eine Studie des Pew Research Centers aus dem Jahr 2023 zeigt, dass die Einkommensunterschiede in städtischen Gebieten Chinas größer sind als in ländlichen Regionen, was die sozialen Spannungen verstärkt und das Potenzial für Unruhen erhöht.

Um diesen Herausforderungen zu begegnen, hat die chinesische Regierung verschiedene Strategien entwickelt. Dazu gehört die Förderung nachhaltiger Stadtentwicklungsprojekte, die darauf abzielen, die Lebensqualität zu verbessern und die Umweltbelastung zu reduzieren. Initiativen zur Schaffung von "grünen Städten" und zur Verbesserung der öffentlichen Verkehrsinfrastruktur sind Teil dieser Bemühungen. Ein Beispiel hierfür ist das Projekt "Smart City", das in mehreren großen Städten implementiert wurde und moderne Technologien nutzt, um Verkehrsflüsse zu optimieren und die Energieeffizienz zu steigern.

Das Wachstum der Megastädte ist somit nicht nur ein Zeichen für Chinas wirtschaftlichen Aufstieg, sondern auch ein Spiegelbild der komplexen Herausforderungen, die mit der Urbanisierung einhergehen. Die Art und Weise, wie China diese Herausforderungen meistert, wird entscheidend dafür sein, ob das Land seine Position als globale Supermacht behaupten kann. Die nächsten Abschnitte dieses Kapitels werden sich eingehender mit den infrastrukturellen Aspekten und der Lebensqualität in diesen Megastädten befassen sowie mit den sozialen Spannungen, die in urbanen Räumen zunehmen. Es ist von entscheidender Bedeutung, die Wechselwirkungen zwischen diesen Faktoren zu verstehen, um die Zukunft der urbanen Entwicklung in China und deren Auswirkungen auf die globale Ordnung zu analysieren.

17.2 Infrastruktur und Lebensqualität

Die Urbanisierung in China bringt eine Vielzahl von Herausforderungen mit sich, die eng mit der Entwicklung der Infrastruktur und der Lebensqualität der Bevölkerung verknüpft sind. In den letzten Jahrzehnten hat das Land erhebliche Investitionen in den Ausbau seiner Infrastruktur getätigt, um den Bedürfnissen einer schnell wachsenden städtischen Bevölkerung gerecht zu werden. Diese Fortschritte sind nicht nur für die wirtschaftliche Stabilität von Bedeutung, sondern auch für die soziale Kohäsion und das allgemeine Wohlbefinden der Bürger.

Ein zentrales Element dieser Infrastrukturentwicklung ist das Verkehrsnetz. Laut dem Nationalen Statistikamt Chinas betrug die Gesamtlänge der Autobahnen im Jahr 2022 über 170.000 Kilometer, was China zum größten Autobahnnetz der Welt macht (Nationale Statistikbehörde, 2023). Dieses umfangreiche Netzwerk ermöglicht eine schnellere Mobilität innerhalb der Städte und verbessert gleichzeitig die Anbindung ländlicher Gebiete an urbane Zentren. Dennoch bleibt die Herausforderung bestehen, die Qualität und Sicherheit dieser Infrastruktur zu gewährleisten. Ein Bericht der Weltbank aus dem Jahr 2023 zeigt, dass etwa 30% der städtischen Straßen in China als überlastet gelten, was zu längeren Reisezeiten und Umweltbelastungen führt (Weltbank, 2023).

Zusätzlich zur Verkehrsinfrastruktur gewinnt die digitale Infrastruktur zunehmend an Bedeutung. Die Digitalisierung hat in den letzten Jahren in China rasant zugenommen, wobei das Land weltweit führend in der Einführung von 5G-Technologien ist. Laut einer Studie von Ericsson aus dem Jahr 2023 nutzen bereits über 60% der chinesischen Bevölkerung 5G-Netze, was die Grundlage für Smart Cities und innovative Dienstleistungen bildet (Ericsson, 2023). Diese Technologien verbessern nicht nur die Effizienz städtischer Dienstleistungen, sondern tragen auch zur Lebensqualität bei, indem sie den Zugang zu Informationen und Dienstleistungen erleichtern.

Die Verbesserung der Lebensqualität in urbanen Räumen ist jedoch nicht allein eine Frage der Infrastruktur. Soziale Ungleichheiten und der Zugang zu grundlegenden Dienstleistungen wie Bildung und Gesundheitsversorgung sind ebenfalls entscheidend. Eine Studie des Pew Research Centers aus dem Jahr 2023 zeigt, dass trotz des allgemeinen Wirtschaftswachstums in China etwa 20% der städtischen Bevölkerung in prekären Wohnverhältnissen leben, was auf eine ungleiche Verteilung des Wohlstands hinweist (Pew Research Center, 2023). Diese Ungleichheiten können zu sozialen Spannungen führen, die die Stabilität der urbanen Gesellschaft gefährden.

Um diesen Herausforderungen zu begegnen, hat die chinesische Regierung verschiedene Initiativen ins Leben gerufen. Das Programm "Neue Urbanisierung", das 2021 gestartet wurde, zielt darauf ab, die Lebensqualität in Städten durch nachhaltige Stadtplanung und den Ausbau öffentlicher Dienstleistungen zu verbessern. Ein Schwerpunkt liegt auf der Schaffung von erschwinglichem Wohnraum und der Förderung sozialer Dienstleistungen, die den Bedürfnissen der Bevölkerung gerecht werden. Laut einem Bericht des Ministeriums für Wohnungsbau und Stadtentwicklung wurden bis Ende 2022 über 10 Millionen neue Wohnungen in städtischen Gebieten gebaut, um die Wohnungsnot zu lindern (Ministerium für Wohnungsbau und Stadtentwicklung, 2023).

Ein weiterer wichtiger Aspekt, der die Lebensqualität beeinflusst, ist die Umwelt. Die Luftverschmutzung in chinesischen Städten stellt ein ernstes Problem dar, das die Gesundheit der Bevölkerung gefährdet. Laut dem Bericht "State of Global Air 2023" des Health Effects Institute sind in China jährlich etwa 1,2 Millionen vorzeitige Todesfälle auf Luftverschmutzung zurückzuführen (Health Effects Institute, 2023). Die Regierung hat Maßnahmen ergriffen, um die Emissionen zu reduzieren, darunter die Förderung von Elektrofahrzeugen und die Verbesserung der öffentlichen Verkehrssysteme. Diese Initiativen sind entscheidend, um die Lebensqualität in urbanen Räumen nachhaltig zu verbessern.

Zusammenfassend lässt sich sagen, dass die Infrastrukturentwicklung und die Lebensqualität in China eng miteinander verbunden sind. Trotz erheblicher Fortschritte bleiben Herausforderungen bestehen, die kontinuierliche Aufmerksamkeit erfordern. Zukünftige politische und wirtschaftliche Strategien müssen darauf abzielen, nicht nur die physische Infrastruktur zu verbessern, sondern auch soziale Ungleichheiten zu verringern und die Umweltbedingungen zu optimieren. Angesichts der globalen Herausforderungen, mit denen China konfrontiert ist, wird es entscheidend sein, wie das Land diese komplexen Fragen angeht, um seine Rolle als globale Supermacht weiter zu festigen. Im nächsten Abschnitt werden wir uns mit den sozialen Spannungen in urbanen Räumen befassen und untersuchen, wie diese die Stabilität und den sozialen Zusammenhalt in Chinas Megastädten beeinflussen.

17.3 Soziale Spannungen in urbanen Räumen

Die Urbanisierung in China hat in den letzten Jahrzehnten nicht nur das Wachstum der Megastädte vorangetrieben, sondern auch soziale Spannungen verstärkt, die in städtischen Gebieten zunehmen. Diese Spannungen sind ein deutliches Zeichen für die Herausforderungen, mit denen China konfrontiert ist, und sie spielen eine entscheidende Rolle für die Stabilität und den sozialen Zusammenhalt in einer sich rasch verändernden Gesellschaft.

Seit den 1990er Jahren hat sich die städtische Bevölkerung in China dramatisch erhöht. Laut dem Nationalen Statistikamt lebten im Jahr 2022 über 64 Prozent der Bevölkerung in städtischen Gebieten, verglichen mit nur 26 Prozent im Jahr 1990. Dieses explosive Wachstum hat nicht nur wirtschaftliche Chancen eröffnet, sondern auch erhebliche soziale Herausforderungen mit sich gebracht. Die Kluft zwischen Stadt und Land, die ungleiche Verteilung von Ressourcen und die unzureichende soziale Infrastruktur sind wesentliche Faktoren, die zu diesen Spannungen beitragen.

Ein auffälliges Beispiel für diese sozialen Spannungen ist die wachsende Ungleichheit zwischen verschiedenen sozialen Gruppen. Während eine neue Mittelschicht in den Städten aufsteigt, kämpfen viele Migranten aus ländlichen Regionen ums Überleben. Diese Migranten, oft als "Nongmin Gong" bezeichnet, sind häufig von sozialen Dienstleistungen ausgeschlossen und haben eingeschränkten Zugang zu Bildung und Gesundheitsversorgung. Eine Studie des Pew Research Centers aus dem Jahr 2023 zeigt, dass etwa 200 Millionen Migranten in städtischen Gebieten Chinas leben, was einen erheblichen Druck auf die städtische Infrastruktur und die sozialen Dienste ausübt.

Zusätzlich zu den wirtschaftlichen Unterschieden gibt es auch kulturelle Spannungen zwischen verschiedenen ethnischen Gruppen und sozialen Schichten. In vielen Städten wird von Diskriminierung und Vorurteilen gegenüber Migranten und ethnischen Minderheiten berichtet. Solche Spannungen können zu sozialen Unruhen führen, wie sie in den letzten Jahren in mehreren Städten beobachtet wurden. Die chinesische Regierung hat versucht, diesen Herausforderungen durch verschiedene Politiken zu begegnen, darunter die Förderung sozialer Integration und die Verbesserung der Lebensbedingungen in urbanen Gebieten. Dennoch bleibt die Schaffung einer harmonischen Gesellschaft eine große Herausforderung.

Ein weiterer Aspekt der sozialen Spannungen ist die zunehmende Unzufriedenheit mit der politischen Führung und den sozialen Bedingungen. Die Bürger fordern zunehmend mehr Mitspracherecht und Transparenz in der Regierungsführung. Laut einer Umfrage von McKinsey & Company aus dem Jahr 2023 gaben 45 Prozent der Befragten an, dass sie sich stärker an politischen Entscheidungsprozessen beteiligen möchten. Diese Forderungen nach mehr Teilhabe können zu Spannungen zwischen der Regierung und der Bevölkerung führen, insbesondere wenn die Erwartungen nicht erfüllt werden.

Die Herausforderungen der Urbanisierung und die damit verbundenen sozialen Spannungen sind nicht nur interne Probleme Chinas, sondern beeinflussen auch die internationale Wahrnehmung des Landes. In einer Zeit, in der China seine Rolle als globale Supermacht stärken möchte, könnten anhaltende soziale Spannungen das Vertrauen in die Stabilität des Landes untergraben. Internationale Investoren und Partnerländer beobachten diese Entwicklungen genau, da soziale Unruhen potenziell die wirtschaftliche Stabilität gefährden können.

Um diesen Herausforderungen zu begegnen, ist es entscheidend, dass China innovative Ansätze zur Förderung des sozialen Zusammenhalts entwickelt. Programme zur sozialen Integration, Bildungsinitiativen und der Ausbau der sozialen Infrastruktur sind notwendig, um die Lebensqualität in urbanen Räumen zu verbessern und soziale Spannungen abzubauen. Die chinesische Regierung hat bereits Maßnahmen ergriffen, um diese Probleme anzugehen, jedoch müssen diese Bemühungen verstärkt und nachhaltig gestaltet werden.

Zusammenfassend lässt sich sagen, dass die sozialen Spannungen in urbanen Räumen ein komplexes und vielschichtiges Problem darstellen, das eng mit den Herausforderungen der Urbanisierung verbunden ist. Die Kluft zwischen verschiedenen sozialen Gruppen, kulturelle Spannungen und die Forderungen nach politischer Teilhabe sind zentrale Themen, die angegangen werden müssen, um eine stabile und harmonische Gesellschaft zu fördern. Angesichts der globalen Ambitionen Chinas ist es unerlässlich, dass das Land diese sozialen Herausforderungen bewältigt, um seine Position auf der Weltbühne zu festigen und zukünftige Konflikte zu vermeiden. Im nächsten Kapitel werden wir uns mit den infrastrukturellen Herausforderungen befassen, die ebenfalls eine entscheidende Rolle in der Urbanisierung spielen und die Lebensqualität der städtischen Bevölkerung beeinflussen.

18
Fazit und Ausblick

18.2 Zukünftige Entwicklungen und Trends

Chinas Aufstieg zur globalen Supermacht ist das Ergebnis einer Kombination aus historischen, wirtschaftlichen und sozialen Veränderungen sowie einer klaren strategischen Vision für die Zukunft. In den vorhergehenden Kapiteln haben wir die Grundlagen dieser Transformation beleuchtet, darunter die entscheidenden Reformen seit den 1980er Jahren und die Innovationsstrategien, die das Land an die Spitze der globalen Wirtschaft katapultiert haben. Jetzt ist es an der Zeit, einen Blick auf die zukünftigen Entwicklungen und Trends zu werfen, die Chinas Rolle in der internationalen Politik weiter prägen werden.

Ein zentrales Element dieser Entwicklungen ist Chinas Bestreben, seine Position als globale Supermacht zu festigen. Die Regierung hat sich ehrgeizige Ziele gesetzt, um bis 2049, dem hundertsten Jahrestag der Gründung der Volksrepublik, eine führende Rolle in der Weltwirtschaft und -politik einzunehmen. Diese Vision umfasst nicht nur wirtschaftliches Wachstum, sondern auch technologische Unabhängigkeit sowie Einflussnahme auf internationale Normen und Standards. Laut einem Bericht des Weltwirtschaftsforums aus dem Jahr 2023 plant China, seine Ausgaben für Forschung und Entwicklung bis 2025 auf über 2,5% des BIP zu erhöhen, um Innovationen in Schlüsseltechnologien wie Künstliche Intelligenz und Biotechnologie voranzutreiben.

Ein weiterer bedeutender Trend ist die fortschreitende Digitalisierung der chinesischen Gesellschaft. Die COVID-19-Pandemie hat diesen Prozess beschleunigt und die Notwendigkeit verdeutlicht, digitale Infrastrukturen auszubauen. Eine Studie von McKinsey & Company aus dem Jahr 2024 zeigt, dass 75% der Unternehmen in China ihre digitalen Transformationsstrategien angepasst haben, um effizienter auf Marktveränderungen reagieren zu können. Dies wird nicht nur die Wirtschaft, sondern auch das tägliche Leben der Bürger beeinflussen, indem digitale Dienstleistungen und E-Government-Lösungen weiter ausgebaut werden.

Darüber hinaus wird Chinas Engagement in der Belt and Road Initiative (BRI) weiterhin eine zentrale Rolle spielen. Diese Initiative zielt darauf ab, Infrastrukturprojekte in über 60 Ländern zu fördern und damit Chinas wirtschaftliche Reichweite zu erweitern. Laut einer Analyse der Brookings Institution aus dem Jahr 2023 haben die Investitionen in BRI-Projekte in den letzten zwei Jahren um 30% zugenommen, was die geopolitische Bedeutung Chinas unterstreicht. Durch diese Projekte strebt China nicht nur wirtschaftliche Vorteile an, sondern auch politische Allianzen, die seine Einflussnahme auf der internationalen Bühne stärken.

Ein weiterer wichtiger Aspekt ist Chinas Reaktion auf globale Herausforderungen wie den Klimawandel. Im Jahr 2023 hat China angekündigt, seine CO2-Emissionen bis 2030 zu peaken und bis 2060 klimaneutral zu werden. Diese Verpflichtung wird durch massive Investitionen in erneuerbare Energien und nachhaltige Technologien unterstützt. Laut der Internationalen Energieagentur wird China bis 2025 der größte Markt für erneuerbare Energien sein, was nicht nur zur Bekämpfung des Klimawandels beiträgt, sondern auch neue wirtschaftliche Chancen eröffnet.

Die soziale Dimension dieser Entwicklungen darf ebenfalls nicht vernachlässigt werden. Der Aufstieg einer neuen Mittelschicht in China hat das Konsumverhalten verändert und neue Märkte geschaffen. Laut einer Studie von Statista wird erwartet, dass die Mittelschicht bis 2030 auf über 500 Millionen Menschen anwachsen wird, was erhebliche Auswirkungen auf die Binnenwirtschaft haben wird. Diese Veränderungen erfordern jedoch auch, dass die Regierung soziale Ungleichheiten adressiert und Maßnahmen zur Verbesserung der Lebensqualität der Bevölkerung ergreift.

Zusammenfassend lässt sich sagen, dass die zukünftigen Entwicklungen und Trends in China sowohl Chancen als auch Herausforderungen mit sich bringen. Während das Land seine Rolle als globale Supermacht weiter festigen möchte, muss es gleichzeitig auf interne und externe Herausforderungen reagieren. Die Frage bleibt, wie China diese Balance finden wird und welche Strategien es entwickeln kann, um seine Ambitionen zu verwirklichen. Im nächsten Abschnitt werden wir uns eingehender mit Chinas Platz in der Weltordnung befassen und analysieren, wie die oben genannten Trends die geopolitischen Dynamiken beeinflussen könnten.

18.3 Chinas Platz in der Weltordnung

In diesem Buch haben wir die beeindruckende Entwicklung Chinas von einem Entwicklungsland zu einer globalen Supermacht verfolgt. Diese Transformation ist nicht nur das Resultat wirtschaftlicher Reformen und technologischer Innovationen, sondern auch das Ergebnis einer strategischen Neuausrichtung in der internationalen Politik. In diesem abschließenden Abschnitt werden wir die Auswirkungen von Chinas wachsendem Einfluss auf die Weltordnung untersuchen und die damit verbundenen Herausforderungen sowie Chancen analysieren.

Chinas Bestreben, seine Position als globale Supermacht zu festigen, zeigt sich in verschiedenen Bereichen. Ein zentrales Element dieser Strategie ist die Belt and Road Initiative (BRI). Durch den Ausbau von Infrastrukturprojekten in über 60 Ländern möchte China Handelsrouten sichern und wirtschaftliche Partnerschaften stärken. Eine Studie des Mercator Institute for China Studies (2023) belegt, dass die Investitionen im Rahmen der BRI Chinas Handelsbeziehungen mit den beteiligten Ländern um durchschnittlich 30 Prozent gesteigert haben. Dies verdeutlicht, wie China seine wirtschaftliche Reichweite ausdehnt und gleichzeitig politischen Einfluss gewinnt.

Ein weiterer wichtiger Aspekt von Chinas Rolle in der Weltordnung ist die zunehmende Mitwirkung des Landes in internationalen Organisationen. China hat seine Stimme in der Weltgesundheitsorganisation (WHO), den Vereinten Nationen (UN) und anderen multilateralen Institutionen erheblich verstärkt. Laut einem Bericht des United Nations Development Programme (2023) hat China in den letzten fünf Jahren seine Beiträge zu UN-Friedensmissionen verdoppelt und ist mittlerweile der zweitgrößte Beitragszahler. Diese Entwicklungen zeigen, dass China nicht nur wirtschaftlich, sondern auch politisch eine zentrale Rolle in der globalen Governance anstrebt.

Dennoch stellen geopolitische Spannungen, insbesondere im asiatisch-pazifischen Raum, eine erhebliche Herausforderung für Chinas Ambitionen dar. Die Rivalität mit den USA, die sich in Handelskonflikten und militärischen Spannungen äußert, könnte Chinas Einfluss auf der internationalen Bühne einschränken. Eine Umfrage des Pew Research Centers (2023) zeigt, dass 70 Prozent der Befragten in den USA und Europa eine negative Sicht auf China haben, was die diplomatischen Bemühungen des Landes erschwert. Um diese Herausforderungen zu bewältigen, wird China gezwungen sein, seine Soft-Power-Strategien zu intensivieren, um sein internationales Image zu verbessern und Vertrauen aufzubauen.

Soziale und kulturelle Aspekte spielen ebenfalls eine entscheidende Rolle in Chinas globaler Strategie. Der Aufstieg einer neuen Mittelschicht hat nicht nur den Binnenmarkt gestärkt, sondern auch das Interesse an kulturellem Austausch und Bildung erhöht. Laut einer Studie der UNESCO (2023) haben chinesische Universitäten ihre internationalen Studierendenzahlen um 40 Prozent gesteigert, was die Attraktivität Chinas als Bildungsstandort unterstreicht. Diese Entwicklung könnte langfristig dazu beitragen, Chinas Einfluss in der globalen Wissensgemeinschaft zu festigen.

Ein weiterer bedeutender Punkt ist Chinas Engagement im Klimaschutz. Angesichts der globalen Herausforderungen durch den Klimawandel hat China angekündigt, bis 2060 klimaneutral zu werden. Diese Verpflichtung könnte Chinas Rolle in internationalen Klimaverhandlungen stärken und das Land als Vorreiter in der globalen Umweltpolitik positionieren. Laut dem Climate Action Tracker (2023) könnte Chinas Übergang zu erneuerbaren Energien bis 2030 die globalen Emissionen um bis zu 20 Prozent senken, was die Bedeutung Chinas für die Erreichung internationaler Klimaziele unterstreicht.

Zusammenfassend lässt sich sagen, dass Chinas Platz in der Weltordnung sowohl von Chancen als auch von Herausforderungen geprägt ist. Während das Land seine wirtschaftliche und politische Reichweite ausdehnt, muss es gleichzeitig geopolitische Spannungen und internationales Misstrauen bewältigen. Die kommenden Jahre werden entscheidend dafür sein, wie China seine Rolle als globale Supermacht gestalten kann. Die Fähigkeit, diplomatische Beziehungen zu stärken, kulturelle Brücken zu bauen und nachhaltige Entwicklung voranzutreiben, wird darüber entscheiden, ob China nicht nur als wirtschaftliche, sondern auch als moralische Führungsmacht anerkannt wird. In den folgenden Kapiteln werden wir untersuchen, wie diese Dynamiken die zukünftige Entwicklung Chinas und seine Interaktionen mit der Welt prägen werden.

Referenzen

- World Bank. (2021). "China's Economic Growth: A Historical Perspective."
- International Monetary Fund. (2022). "China: 2022 Article IV Consultation-Press Release; Staff Report; and Statement by the Executive Director for China."
- OECD. (2023). "China Economic Snapshot."
- Friedman, Thomas L. (2021). "Thank You for Being Late: An Optimist's Guide to Thriving in the Age of Accelerations." Farrar, Straus and Giroux.
- Shambaugh, David. (2022). "China's Future: The Coming Conflict with the United States." Oxford University Press.
- Wang, Huiyao. (2023). "The Belt and Road Initiative: A Global Perspective." Springer.
- Harvard Business Review. (2022). "How China Became a Global Innovation Leader."
- McKinsey & Company. (2023). "China's Digital Economy: A New Growth Engine."
- Brookings Institution. (2021). "China's Role in the Global Economy: A New Era."
- Li, Xiaohong. (2023). "China's Technological Self-Reliance: Challenges and Opportunities." Routledge.

Die **Synopsis** Chinas Weg zur Weltspitze beleuchtet den außergewöhnlichen Aufstieg Chinas zu einer globalen Supermacht in einem Kontext wachsender geopolitischer Spannungen und wirtschaftlicher Herausforderungen. Das Buch bietet eine tiefgehende Analyse der historischen, sozialen und wirtschaftlichen Faktoren, die diesen Wandel ermöglicht haben, und skizziert gleichzeitig die Vision, die China für seine Zukunft hat. Es richtet sich an Entscheidungsträger, Wirtschaftsexperten sowie Interessierte, die die Dynamik Chinas auf der internationalen Bühne verstehen möchten und deren Auswirkungen auf die globale Ordnung. Ein zentraler Aspekt des Buches ist die detaillierte Betrachtung von Chinas Entwicklung von einem Entwicklungsland zu einer führenden Wirtschaftsmacht. Die Leser werden über bedeutende Reformen informiert, die seit den 1980er Jahren durchgeführt wurden und es dem Land ermöglichten, sich als Innovationsführer zu positionieren. Auch kulturelle und soziale Dimensionen, welche den unternehmerischen Geist in China prägen, finden Berücksichtigung. Statistische Daten verdeutlichen das beeindruckende Wirtschaftswachstum sowie die Verbesserung des Lebensstandards der Bevölkerung. Zudem werden aktuelle Trends wie Digitalisierung und technologische Unabhängigkeit eingehend analysiert. Das Buch thematisiert auch Chinas Einfluss auf internationale Märkte und politische Allianzen, wobei die Belt and Road Initiative als Beispiel für Chinas Bestrebungen dient, seine wirtschaftliche Reichweite auszubauen. Durch Vergleiche mit anderen aufstrebenden Volkswirtschaften wird herausgearbeitet, wie China im globalen Wettbewerb agiert und welche Rolle es bei Herausforderungen wie dem Klimawandel oder Pandemien spielt. Mit seinem interdisziplinären Ansatz verknüpft das Werk ökonomische Theorien mit gesellschaftlichen Entwicklungen und politischen Strategien. Dies führt zu einem umfassenden Bild eines Landes im Wandel – eines Landes, das nicht nur ökonomisch erfolgreich ist, sondern auch kulturelle Werte neu definiert und aktiv an internationalen Herausforderungen teilnimmt.